一生食べたい
カツ代流レシピ

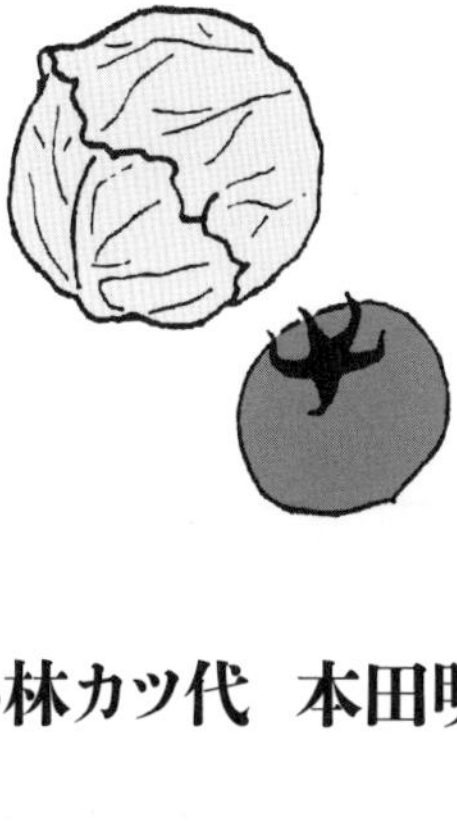

小林カツ代　本田明子

はじめに

それは２００５年5月28日のことでした。師匠である小林カツ代お気に入りの、決してコーヒーが美味しいとはいえないけれど、レトロな居心地のいい喫茶店での話です。

「なぜか昔に比べるとむせるのよね。なんでもないものがのどに引っかかってね」

と師匠。若いスタッフがクスッと笑うと、「あなたたちも中高年になったらわかるわよ」

と苦笑しながら、こんなことを呟きました。

「『料理の鉄人』で勝った肉じゃがだけれどね、今はじゃが芋がほっくりしていたほうが美味しい。でも、80歳になった私が食べたら、きっとむせると思うのよ。そのときの自分用にレシピを変えないとね」

そのとき、師匠は67歳。クモ膜下出血で倒れる3週間ほど前のことでした。

私が料理家・小林カツ代のところに弟子入りしたのは１９８２年。高校のときに小林カツ代著の『らくらくクッキング』（文化出版局）を読んで以来、絶対にこの人のところで料理を習いたいと思い続け、短大に入ってから、内弟子は取らないと宣言していた師匠の元に押しかけました。運よく採用されて卒業後も「小林カツ代キッチンスタジオ」(当時はまだ会社組織になっていませんでしたが)のスタッフとして働くことになり、２０１４年に見送るまで32年間を師匠のそばで過ごしたことになります。

56歳になった今、まだ「むせる」不自由は感じていませんが、この本をまとめようと思ったきっかけは、あのときの師匠の言葉が、ずっと心に残っていたからです。

「私はね、その時代、自分の年齢、家族の年齢に合わせて料理のレシピを考えてきたけれど、これから70歳、80歳、90歳の人が作る、もしくは食べるレシピを考えていこうと思うのよ。だから絶対92歳まで生きる」

と笑いながら宣言していた師匠のことです。今も健在であれば、きっと80代になった自分が食べたいと思うもの、食べやすいものを考え続けていたことでしょう。実際、65歳以上のシニア男性グループに料理講師として呼ばれ、彼らの食の好みにマッチし、初心者でも作りやすいメニューの数々を楽しげに考案していました。

さて、本書では、そんな師匠の遺志を反映しつつ、これから超高齢化社会を迎える日本のシニア世代におすすめのメニューの数々を提案していきたいと考えています。

本田明子

一生食べたいカツ代流レシピ　目次

写真 添田明也
料理製作 中島さなえ 本田明子
管理栄養士 彦坂陽子
イラスト 上楽 藍
カバー・本文デザイン 大久保明子
DTP製作 エヴリ・シンク

この本の使い方

◆【材料】について

材料は基本的に1人分。次の日食べても美味しいものは2人分。常備菜などは作りやすい分量になっています。

◆計量について

小さじ1は5ml。大さじ1は15ml。

1カップは200ml。1合は180ml。

◆だし汁について

基本は昆布と削り節でとったものを使います。

◆調味料について

醤油は濃口醤油。

酒は日本酒。みりんは本みりん。

砂糖は上白糖。

小麦粉は薄力粉。

はちみつが苦手な人は、代わりに砂糖を。

　はちみつ大さじ1に対し砂糖小さじ1。

◆野菜の調理について

特に指定のない場合、洗う、皮をむくといった手順は省いて作り方を記載しています。

◆スープの素について

顆粒スープの素は、どこのメーカーのものでも好みの味を。固形スープでもかまいませんが、小さじ1と記載されている場合は、包丁で切って使って下さい。

第1章

ずっと食べたいカツ代レシピ ベスト10

師匠の没後に刊行され、ベストセラーとなった料理本に『小林カツ代の永久不滅レシピ１０１』と銘打ったものがあります。〝永久不滅〟とは大げさなようですが、定番おかずとして長いあいだ、それぞれの家庭で愛され続けると思えば、そんなにおかしな表現ではないのかもしれません。

この章で選んだ10のレシピは、まさに不滅の定番料理。病に倒れることがなければ、おそらく師匠が死ぬまで作り続け、改良していたのではないかと思われるものです。

最初にご紹介するのは「優しい肉じゃが」。「はじめに」でも触れたように、師匠が80歳になっても食べられるものを考えたいと宣言していた料理です。ほっこりしたじゃが芋をどのように調理すれば、シニアになっても飲み込みやすく、美味しく食べられるのか。いろいろ考えて工夫したレシピをご紹介します。

続いて、「簡単生姜焼き」、「煮込みハンバーグ」、「マカロニグラタン」と、洋食系料理もベスト10入りしていますが、「実は老人も味のしっかりした洋食が好き」という調査に基づいて紹介するものです。師匠が楽しんで料理を教えていた、「賞味会」という65歳以上（平均年齢80歳超）のシニア男性ばかりの会で、特に喜ばれたメニューでもありました。

「とん野菜」と「チキンのトマトきのこ煮」は、簡単・時短・美味しいと三拍子揃った、小林カツ代オリジナル料理。もともとは時間に追われる子育て中の主婦向けに考えられたものですが、台所に長時間立つのは苦痛と感じ始めた方たちや、料理初心者にもおすすめです。さらに手順をやさしく、酢や香辛料をマイルドにしたレシピで提案します。

　歳を重ねると、これまで大好きだった酸っぱいものや辛いもので、むせてしまうことがあるようです。酢の分量を減らし、輪切りの唐辛子や胡椒を極力控え、それでも満足できる味付けにする。この2年ほど大阪で高齢者施設向けに給食を提供している会社のメニュー開発に携わり、そうしたシニアの食事に関する知識を、現場で働く管理栄養士や工場長から教えていただきました。その仕事で得た知識も生かして、定番おかずのレシピに手を加えています。「焼きサバ南蛮」なども、ぜひ試してほしい一品です。

　そして、最後の「ひとり寄せ鍋」。60代半ばで目のまわるような忙しさの中、師匠が〝自分のための定番〟として編み出した傑作です。材料を重ねて煮るだけ。温かくてしみじみ美味しい。年配の親御さんたちのために用意しておくのも、絶対おすすめです！

優しい肉じゃが

「小林カツ代の肉じゃが」といえば、師匠の代名詞になってしまった人気料理です。しかし、師匠は70代、80代の人にも食べやすいよう、改善の余地ありと考えていました。なぜなら、この肉じゃがは出汁を使わず、やや少なめの水で一気に強火で煮立て、煮汁をほとんど残さずに仕上げるもの。そうした調理法ゆえに、じゃが芋はほっこり、牛肉はこってりとすき焼きのような味となり、美味しく食べられるのです。

ところが、ほっこり、ほくほくしたものは、年齢を重ねると飲み込みにくくなり、汁けがあってしっとりとした食感のほうが美味しく食べられるようになる。これは高齢者施設の食事を担当する管理栄養士さんから聞いたことです。

さて、従来の味のイメージを変えずに、シニアになっても食べやすい肉じゃがを作るにはどうすればいいのだろう。私はその方法を考えていました。

「カツ代の肉じゃが」は進化してきた

少し話はそれますが、「小林カツ代の肉じゃが」も最初からあのレシピだったわけではありません。私が弟子入りした１９８０年代は、まず肉と玉葱を炒め、すき焼きのような味付けをして鍋からいったん取り出し、甘辛い味が残った鍋にじゃが芋と水を入れて煮る、芋に火が通ったところで、肉と玉葱を鍋に戻すというやり方でした。それが、だんだん進化して、最終的には関西風すき焼きのごとく、まず玉葱だけを炒め、肉を鍋底に置いたら、そこを目がけて砂糖、みりん、醤油の順に加える。その後、じゃが芋と水を入れてフタをし、一気に強火で煮るようになったのです。これが、ＴＶ番組「料理の鉄人」で日本中に知られるようになった「小林カツ代の肉じゃが」。出汁を使わず、水を入れるというところは、最初から変わらずでした。

甘みととろみを増やす

さて、その肉じゃがの調味料の割合はこんなかんじです（４人分）。

醤油　大さじ２・５
砂糖　大さじ１
みりん　大さじ１

優しい肉じゃが

今回ご紹介する「高齢者にも優しい肉じゃが」は、次のようにしました（3人分）。

醬油　大さじ2

砂糖　大さじ2

酒　大さじ2

どこが違うのかといえば、みりんをやめてお酒にし、醬油と砂糖の割合を増やしました。高齢になると少し味覚が鈍くなるようで、甘い煮物のほうが美味しく感じる人が多くなります。水の量も2カップと、従来のレシピの2倍以上にしています。玉葱の量もほぼ2倍。炒めて煮るうちにとろみが出るので、芋に絡んで食べやすくなります。薄く切ると繊維だけが残るかんじになるので、1センチ幅くらいにザクザクと切ってください。玉葱のとろみが加わった煮汁を増やし、さらに白滝を加えて飲み込みやすくしたのが「優しい肉じゃが」なのです。

男爵かメークインか、それが問題だ

さて、肝心のじゃが芋です。「肉じゃがは男爵」が一般的ですが、実はどちらでも好みで選んでいい。歳を重ねると、ほくほくした男爵より、ややねっとり系のメークインのほうが飲み込みやすく感じる人もいるようです。

じゃが芋は皮をむいたら、大きめのひと口大に切ります。今の芋はそれほどでんぷん質が高くないので、水にさらす必要はありません。かえって、煮込んだ後に芯のある食感が残ることもあるので、どうしても気になるなら、皮をむいた直後に丸ごと水につけてください。

美味しさの決め手は少し上等の肉

肉じゃがに使うのは、比較的上等な切り落とし肉がおすすめ。師匠は大阪人でしたから、豚肉ではなくて国産の少々サシ（脂身）の入った牛肉。出汁を使わず、肉から出るうまみこそが、このレシピのポイントなので、くれぐれも肉の品質はケチらないように。

作る手順としては、まず鍋に油を熱し、玉葱を中火で熱々になるまで炒めます。いったん火を止め、玉葱をよけて牛肉を鍋の真ん中に置く。すぐに肉めがけて砂糖から順に調味料を加え、中火にかけ、菜箸でほぐしながら煮付けます。さらに白滝を加え、フタをして5分ほど煮たら肉を寄せてじゃが芋を加え、分量の水を加えてまたフタをする。15分位で出来上がりますが、そのまま5分置くと、さらに味がしみて美味しくなります。残りは冷蔵庫に保存。翌日食べるときは弱火で15分ほど温めてください。

優しい肉じゃが

【材料】（3人分）

玉葱 ………… 小1個（150g）
白滝 ………… 小1袋（100g）
じゃが芋 ……… 3個（350g）
牛切り落とし肉 ……… 150g
水 …………………… 2カップ

A
- 砂糖 …………… 大さじ2
- 醬油 …………… 大さじ2
- 酒 ……………… 大さじ2

油 ………………… 大さじ½
（サラダ油、胡麻油、オリーブ油など好みで）

【作り方】

a

b

c

①玉葱は縦半分に切ってから、縦1㎝幅位に切る。白滝は水洗いして3㎝長さに切る。じゃが芋は大きめの一口大に切る（a）。

②鍋に油、玉葱を入れて中火にかけ3分位炒める。火を止めて、玉葱をよけて鍋底に肉を置く。肉めがけてAの調味料を順に加えて再び中火にかける（b）。時々、菜箸でほぐしながら煮て、肉に火が通ったら白滝を入れ、フタをして5分ほど煮る。

③具を寄せてじゃが芋と分量の水を加え（c）、フタをして弱めの中火で15分位、じゃが芋がやわらかくなるまで煮る。煮汁がまだ残っている状態で火を止める。

コラム① うっかり忘れないための工夫

【キッチンタイマー2個】

デジタル式や目盛りのあるタイプなど、使いやすいものを2つ置く。2種類の料理を同時進行で作ることもあるので、それぞれにタイマーが必要となる。シニアになってから、いきなりタイマーを使い始めるのはハードルが高いので、早めの導入がおすすめ。


【マグネットの使えるホワイトボードと専用マジック】

冷蔵庫の扉にペタッと貼り付けて使うと便利。半分に分けて、左側に早く食べたほうがいいもののリスト、右側に買い物メモなど、使い方を工夫する。


【メモ用紙と筆記用具】

ノート型と不要な紙を切って使い捨てにするメモ用紙、2種類あると使い勝手がいい。1週間分の食材をまとめ買いするには、献立をざっと考え、必要なものを書き出す。ノート型メモに日付入りで書いておけば、翌年のメニューの参考にもなる。使い捨てはふだんの買い物メモに。PC やスマホのほうが便利という人は、そちらを優先で。


【インデックス用シールとマスキングテープ】

作り置きおかずや手作りジャムなど、作った日付を書いて貼っておくために、インデックス用シールやそれをしっかり止めるマスキングテープなども準備しておきたいもの。テープだと、容器に貼ってもすぐ剝がせる。

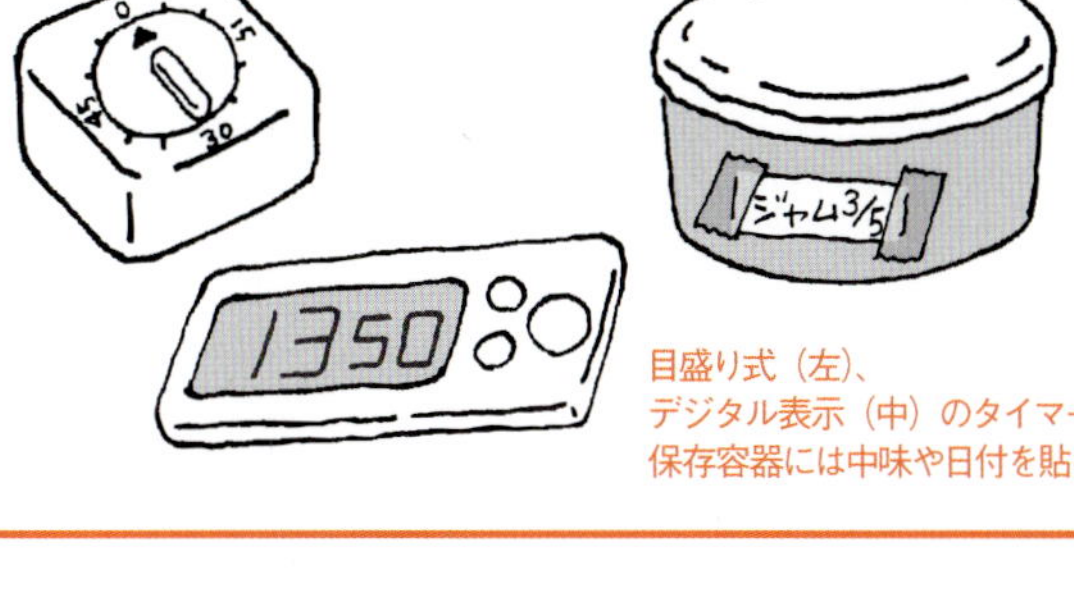

目盛り式（左）、
デジタル表示（中）のタイマー。
保存容器には中味や日付を貼る

簡単生姜焼き

男性の好きな定食ランキング・ベスト10に間違いなく入るのが、豚肉の生姜焼き定食。ごく簡単な料理ですが、味の決め手となるのは肉の選び方なんです。

「生姜焼きは、絶対に肩ロース。これじゃあ肉が厚すぎてダメ、交換してもらいなさい」

キッチンスタジオのスタッフたちは、何度、師匠のこのセリフを聞いたことか。スーパーマーケットなどの肉売り場に行くと、必ず「生姜焼き用」というラベルの貼られたパックがある。2～3ミリの厚さにカットされた、その肉のパックを買って帰ると、まず叱られたものです。洋食屋で出す「ポークジンジャー」であればナイフとフォークで食べるので、この厚さでもいい。でも、家で白いご飯と一緒に箸で食べるには「肩ロースのごく普通の薄切りがいちばん」というのが小林カツ代の持論でした。

しかし、この肩ロース、実は生姜焼き用より少し値段が安く、お店に戻って交換してもらうのは、とても交渉しづらいものでした……。

なぜ肩ロースがいいのかというと、薄さだけでなく、脂が肉の中に入り込んでいるため焼いても締まりにくく、輸入肉のようなやや硬めの肉でも美味しく食べられるのです。生姜焼き用だと、脂身が周囲にだけ付いているため、焼きすぎてしまうと固くなり、飲み込みにくくなる。そんなわけで、やはり肩ロースがおすすめ。ちょっと焼きすぎても大丈夫ですし、余ったときに温め直しても美味しく食べられます。

漬けてから焼くか、焼いてから漬けるか

生姜焼きというからには、すりおろした生姜を醤油に加えた生姜醤油が欠かせません。従来のレシピでは、この生姜醤油に漬け込んだ肉を焼くのが多数派ですが、師匠はこの順番をひっくり返しました。フライパンに油を熱し、まず肉を焼いてから、最後に生姜醤油を回しかけ、火を強めて一気に絡めます。そのほうが最初から漬け込むより焦げにくく、料理したあとのフライパンを洗うのも簡単です。生姜の香りもより引き立ちます。

玉葱は名脇役

今回、シニア向けに考えたのは、玉葱炒めを加えて一緒に食べることで、肉を飲み込みやすくする工夫です。食感だけでなく、野菜本来の甘さも加わり、一層食べやすくなります。

簡単生姜焼き

玉葱には血をさらさらにする効果もあると言われていますしね。

2センチ幅くらいで、ザクザクと繊維に沿って切ります。なぜ大きめかというと、万が一、炒めすぎたりしても、そのほうが硬くならず食べやすいから。

フライパンを中火で温め、油をなじませたら、玉葱を入れてササッと炒めます。火が通ったら鍋の真ん中を空け、火は少し弱めて、でも中火くらい。そこに豚肉を広げながら入れます。焼けたら裏返し、端のほうに寄せて、次の肉を入れて焼きます。一人分、肩ロース4枚くらい（80～１００グラム）でしょうか。最後に、豚肉がすべて焼けたら、合わせておいた生姜醬油をジャーとかけ、全体に絡めて出来上がり。

生姜は皮をむかなくてもいい

生姜は皮つきで、そのまますりおろすと強い香りが立ち、生姜の味が際立ちます。体を温める効果もある生姜、日々たっぷり使ってください。

焼くときに使う油は、サラダ油でもオリーブ油でもいいです。加熱して使うなら、オリーブ油はピュアのほうがおすすめです。サラダにかけるなど加熱しない場合は、エキストラヴァージンで。香りと味が引き立ちます。

付け合わせのキャベツにもひと工夫

歳をとると、生野菜が食べづらくなるようです。

あるとき、65歳以上のシニア男性を集めた料理教室で、こんな発言がありました。

「豚肉に刻んだキャベツが美味しいのはわかるんだけど、昔と違って生のキャベツを食べると口の中にあたって痛いかんじがする。なんとかならないかな」

それを聞いたカツ代師匠が考えたのが、キャベツをさっと蒸し煮にする方法です。

鍋の中を水でさっとぬらし、一口大にちぎったキャベツを入れる。一人分で大きな葉2枚くらいに大さじ1〜2杯分の水を入れ、ほんの少々の塩をふり、フタをして強めの中火にかけます。1〜2分でフタの隙間から湯気が出てくるので、フタをあけて中味をひと混ぜして火を止める。これだけで、少し食感を残したまま、口あたりのいいキャベツとなるんです。

生キャベツより甘みが増して食べやすくなるため、量も生の倍以上はいけます。消化促進にもいいというキャベツ、生姜焼きにたっぷり添えて召し上がれ。

年齢と共に酢のきつい味が苦手になり、ドレッシングをかけたサラダが食べられないという人にもおすすめです。

簡単生姜焼き

【材料】（1人分）

豚肩ロース薄切り肉…100g
玉葱…¼～½個（50～100g）
A ┌ 醤油…………小さじ2
A │ 砂糖…………1つまみ
A └ おろし生姜….小さじ1
油………………小さじ1

＜付け合わせ＞
蒸し煮キャベツ………適量

【作り方】

a

b

①Aの材料を合わせる。玉葱は繊維に沿って2㎝幅くらいにザクザク切る。
②フライパンを熱して油をなじませ、玉葱を中火で炒める。玉葱をフライパンの端に寄せ、豚肉を広げ入れて焼く(a)。色が変わったら、肉を寄せてはまた、隙間をあけて焼いていく。
③肉に火が通ったら、Aの合わせ調味料を加え(b)、少し火を強めてサッと炒め合わせ、器に盛り付ける。付け合わせは蒸し煮キャベツをたっぷりと。

コラム②　野菜の保存法

【芋類】

じゃが芋は芽が出るので冷暗所に。紙袋や新聞紙に包み、冷蔵庫の野菜室で保存も可。里芋も同様に。長芋は布やタオルに包みポリ袋に入れる。かぼちゃは種とワタを取り、保存袋に。さつま芋は冷蔵庫保存禁止。紙に包み、冷暗所に。


【玉葱・トマト】

夏だけ冷蔵庫、他の季節は冷暗所に。玉葱を半分使うときは、洗って皮ごと半分に切る。玉葱でもトマトでも、一度包丁を入れたものは、必ず冷蔵庫へ。


【生姜・にんにく】

残った生姜は湿気に弱いので必ずペーパータオルで包み、密閉袋や密閉容器に入れて冷蔵庫の野菜室保存。にんにくは1片ずつバラバラにして密閉袋や密閉容器に入れて冷蔵庫に。にんにくは冷凍保存も可。


【きのこ類】

パックから出して紙袋に入れ、冷蔵庫に。天気のいい日にザルに並べて干すと美味しくなる。冷凍可能だが、食感は落ちる。


【その他】

基本は保存袋に入れて冷蔵庫へ。保存袋は野菜専用でもポリ袋でも可。

- 根・軸を下にして立てておく　キャベツ、白菜、チンゲン菜、小松菜、ほうれん草、セロリ、アスパラガスなど。
- 小房に切って密閉袋　ブロッコリー、カリフラワーなど。
- 瓶に入れる　青じそ。

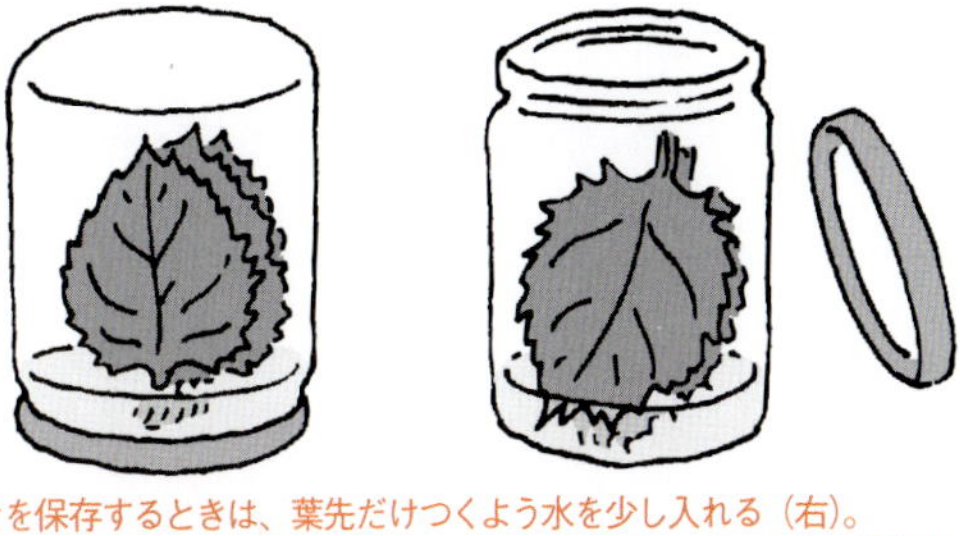

青じそを保存するときは、葉先だけつくよう水を少し入れる（右）。
瓶を逆さにして冷蔵庫で保存（左）。入れやすく、取り出しやすい保存法

煮込みハンバーグ

2年ほど大阪の高齢者施設向けに食事を提供する食品会社で仕事をした際に、高齢者の好むメニューを聞いて驚きました。何となくあっさりした和食が好まれるのではないかと思っていたのですが、やはりここでも上位に並んでいるのはハンバーグやコロッケといった懐かしの洋食メニューばかり。味がはっきりしていてやわらかいというのが、こうした洋食人気の理由と聞きました。

蒸し煮という思いつき

そこで、おすすめしたいのは、ふっくらやわらかい、小林カツ代式蒸し煮ハンバーグです。なぜ、そうなるかというと、焼いた後の火の入れ方に特徴があるのです。このハンバーグ誕生には、いくつかのエピソードがあります。

私の記憶では、たしか1990年くらいまでは普通に油で両面を焼いていました。師匠が大好きだった洋食屋さんの名物ハンバーグは、フライパンで表面に焼き目をつけたら、あとはホイルに包んでオーブンで蒸し焼きにするもの。ただ、まだ普通の家庭ではオーブンがそれほど普及していなかったので、この方法は使えず、ハンバーグの表面を焼きすぎることなく中まで火を通すための方法をいろいろ探っていました。

　するとあるとき、ホテルのランチを手軽に美味しく、しかも安くする方法を教えてほしいとアドバイスを求められたのです。そのホテルには蒸気を使って焼き物に早く火を通す、スチーム・コンベクション（通称スチコン）がありました。これを家庭に応用するにはということから、フライパンに熱い湯を注ぎ、フタをして強火で蒸し煮にするアイデアが生まれたというわけです。決して、水ではダメです。味がどーんと落ちます。

　この方法を始めたとき、湯を入れると肉の旨味が逃げてしまうからダメだという批判を受けたことがあります。師匠は怒りましたね。

「ハンバーグに火が通ったとき、蒸し汁を捨ててしまえば旨味が逃げてしまうだろうけれど、私は捨ててくださいとは言ってない。水分がなくなるまで蒸し煮するのだから、いったん湯の中に旨味が出たとしても、またハンバーグに戻っているはずでしょう。

　その証拠に食べてごらんなさいよ。私のハンバーグは日本一美味しいんだから」

　そんな強気の発言で批判を封じ込めたのは、さすがとしか言いようがありません。

煮込みハンバーグ

疲れて帰宅した夜に煮込み鍋

さて、師匠が60代後半になった頃、料理以外の世界がさらに広がり、多忙のあまり夜遅く倒れ込むように帰宅する日々が続くようになりました。何か買って帰ろうと思っても、デパ地下やスーパーマーケットも閉まっている。そんなある日、こんな携帯メールが届いたのです。

「一つの鍋で、メインも野菜も全部やっちゃうのよ。私って天才」

この頃、思いついたのが、小さな一人用鍋の中に材料を重ねて煮るだけというシンプルな料理。肉に火が通り、野菜に味がしみ込むまでの時間で、ちょっとした片付けや明日の準備をしておくこともできる、働く女性向きの一人鍋でした。その中でも、フライパンでハンバーグを焼きつつ、一緒に野菜を煮る煮込みハンバーグは、傑作だと思います。作り置きで冷凍しておいたハンバーグでも、野菜と一緒に煮込めば美味しくなります。食べるときは、ハンバーグにだけケチャップとソースを合わせてのせましょう。

玉葱問題をクリアする

それにしても、ハンバーグを作ること自体、めんどうになったら、どうしましょう。

ある年代以上の人は刻んだ玉葱を炒め、冷ましてからタネに混ぜる方法がベストと思っているはず。生の玉葱をそのまま使うと、食べたときにシャリッとするので抵抗があるのです。そこで、私が考えたのは、玉葱を生のままパン粉と混ぜ、しばらく置いてからタネに混ぜる方法。玉葱の水分も加わりパン粉がしっとりします。タネを成型したハンバーグの表面を焼き、湯を入れてから15分蒸し煮にすると、生の玉葱がやわらかくなり、炒め玉葱に近い状態になるんです。また、細かいみじん切りにしなくても、野菜と一緒に煮込む時間を長めにすれば、十分火が通るのでご心配なく。

小さめの卵1個でハンバーグを二つ

タネを作るときに欠かせないのが、生卵。もし、一人暮らしだとしても、ハンバーグ1個分に使うのは卵半分なので、溶き卵を半量だけ冷蔵庫に取っておくより、ハンバーグを二つ作っておくことがおすすめです。二つとも蒸し焼きにしておいて、一つはすぐに食べ、もう一つは冷凍する。後日、残りの一つを煮込みハンバーグにして食べる楽しみが増えるというものです。

煮込みハンバーグ

【材料】（２個分）

合挽き肉……………200g

A
- 玉葱（みじん切り）…¼個（50g）
- 溶き卵（S玉）……１個分
- 水……………大さじ１
- パン粉………½カップ

塩………………小さじ½

胡椒…………………少々

にんじん……………小１本

玉葱…………………¼個

キャベツ……………¼個

サラダ油…………小さじ１

トマトケチャップ…大さじ３

ウスターソース……大さじ１

【作り方】

a

b

c

①付け合わせ用の玉葱は軸を取るだけ。にんじんは１cmの輪切り、キャベツは芯を少し付けたまま、２つのくし形に切る。Aの材料を混ぜてしとらせておく(a)。

②ボウルに挽き肉、塩、胡椒を入れて混ぜ、①のAを加えてよく混ぜ、それを２等分し、ハンバーグ形に整える。

③フライパンにサラダ油を熱し、ハンバーグを並べ入れ、中火で両面をこんがり焼く。湯1.5カップ（分量外）を注ぎ、隙間にキャベツ¼個、玉葱¼個、にんじん½本を詰め込み、フタをして弱めの中火で15分煮る(b)。

④ケチャップとウスターソースを合わせ、ハンバーグの上にのせ、５分煮る(c)。器にハンバーグと付け合わせの野菜を盛り付ける。

コラム③ 常備品の保存法・便利な保存用アイテム

【常温保存可能なもの】

塩、砂糖、醬油、白味噌以外の味噌（冬場のみ）、ソース、胡麻、ねり胡麻、昆布、カットわかめ、ひじき、切り干し大根。

【冷蔵庫保存するもの】

マヨネーズ、マスタード、薄口醬油、白味噌、夏は他の味噌も。

【冷凍庫保存がおすすめ】

鰹節、煮干し

※いずれも小さな容量のものを買って早めに使いきること。

◆便利な保存用アイテム

【アメリカ製ラップ】

伸縮する紙のような質感で包みやすいラップ。肉や魚の切り口にフィットし、密閉性が高く劣化しにくい。値段は高め。外資系スーパーで買える。

【穴あき紙袋】

再生紙使用の生ゴミ入れとして使う袋。通気性がいいので、きのこや里芋、トマトなどを入れて冷蔵庫保存すると、湿気のダメージが少ない。生協やスーパー、通販サイトで購入できる。

【密閉袋】

場所を取らなくて便利。

・旭化成の「ジップロック」。一般のスーパーやドラッグストアで入手しやすい。

・紀ノ国屋の「ジッパーバッグ」。袋の底にマチ部分があり、冷蔵庫の中で立てて保存できる。

・IKEA の密閉袋。密閉度は高くないがサイズが大きく、白菜などの保存に便利。

左より、
アメリカ製ラップ「Press'n Seal」、
穴あき紙袋、マチ付き密閉袋

とん野菜

忙しくて疲れているときほど「野菜を食べなくてはならない」という強迫観念におそわれると、師匠は言っていました。その解決策の一つが「煮込みハンバーグ」だったわけですが、もっと時短で肉と野菜が同時に食べられるのが「とん野菜」。

1988年8月、小林カツ代がNHK「きょうの料理」で、ゆでて和えるだけという料理を紹介したとき、局のディレクターや他の料理家たちも度肝を抜かれたのではないでしょうか。「料理の先生たる者が、こんな簡単なものでいいのか」というクレームもあったようですが、忙しい視聴者には「簡単で美味しい」と大好評だったようです。

ゆでて和えるだけ

作り方は拍子抜けするほど簡単です。しゃぶしゃぶ用の薄い豚肉をひらひらと、熱湯で次々にゆでる。肉をゆでた湯で、もやしやカットした野菜をさっと湯がいて水を切り、先に酢醤油に漬けた肉と和える。それだけ。

80年代後半といえば、世の中はバブル真っ盛り。エスニック料理にイタリアン、フレンチといった外食にお金をつぎ込み、有名レストランの予約が取れないような時代でした。そんなときにあえて、こんな安くて簡単な料理を提案した度胸は大したものです。

そもそもゆでて醤油に漬けるだけという調理法は、『働く女性の急げや急げ料理集』（大和書房　1982年）に掲載されていますから、小林家ではかなり昔から食べていたようです。その本では「シャブ漬け」という名前になっており、しゃぶしゃぶ用肉（豚でも牛でも）をさっとゆで、醤油ベースのタレに漬け、生野菜を添えるというもの。それが、進化して「とんもやし」とか「とん野菜」と呼ばれるようになりました。

いくらでも応用がきく

基本は酢醤油ですが、酢は入れても入れなくてもいい。夏はさっぱり感が欲しいので、もっぱら酢を使いますが、少し涼しくなれば、酢の代わりにおろしにんにくや生姜を入れた醤油でも体が温まってよいものです。

師匠はとにかく暑いのが苦手な人でしたから、夏に台所に立つ時間はできるだけ短く美味

とん野菜

しいものを、というのがモットーでした。肉に合わせる野菜もさまざまで、メインのもやしをキャベツやトマトに代えてもいいし、パプリカだけでもいい。刻み生姜、みょうが、青じその刻んだのを添えても涼やかです。野菜を切るのもおっくうなときは、炒め物用のカット野菜を使ってもいいと思います。

夏向きの料理とはいえ、冷蔵庫で冷やしすぎると肉の脂が浮いてしまい、そのままだと固まって美味しさが失われます。冷蔵庫で保存したとしても、室温に戻すか、電子レンジでほんの20〜30秒加熱し固まった脂を溶かしてから食べてください。

酢を控えめに食べやすく

調理法はごく簡単で、肉と一緒にたっぷりの野菜が摂れるので、まさにシニア向きの料理といえます。もやしと肉だけならお金もそれほどかからず、家計の助けにも。

一つだけ気をつけたいのは、年配になると、強い酸味でむせやすくなること。そのため、ここでご紹介するレシピでは、酢の量を本来のものより、ぐぐっと減らしています（もとは酢と醤油が同量）。米酢などでは酸味が強すぎると感じたら、柚子、かぼす、すだちなど、好みの柑橘類を搾るのもおすすめです。

唯一のコツは順番

大切なのは順番です。沸かした湯にひらりひらりと薄切りの肉を入れる。一度にどさっと入れると湯の温度が一気に下がり、旨味が逃げてアクも出やすいので、時間差で常に沸いている状態の湯に次々、入れていきます。火の通った肉を、野菜より先に酢醬油に漬けておく。それは、食べるとき、肉に味がしみ込んでいるほうが美味しいからです。まず肉に味を絡め、その後、野菜と和える。この順番が唯一のコツかもしれません。

言うまでもないことですが、肉も野菜もゆですぎは禁物です。肉は色が変わったものから、すみやかに引き上げる。野菜もシャキシャキとした歯ごたえが残っているうちに火を止め、すぐザルにあげ、よく水けをきってから肉と和えましょう。

作ってすぐでも、しばらく置いて味をしみ込ませてからでも美味しく食べられる、便利な料理でもあります。

とん野菜

【材料】（１人分）

豚しゃぶしゃぶ用肉 … 100g
パプリカ（赤黄どちらでも）……………………… ½個

もやし ………… ½袋（100g）
醤油 ……………… 小さじ2
酢 …………… 小さじ½〜1

【作り方】

a

b

c

①パプリカは細切りにする。もやしはひげが気になるという人は取る。
②湯を沸かし、フツフツしているところに豚肉を１枚ずつ次々と広げ入れてゆで、引き上げて水けをきる（a）。豚肉が長い場合は2つか3つに切ってからゆでる。
③同じ湯で、もやし、パプリカの順にゆでて（b）、ザルにあげて水けをきる。
④ボウルに醤油と酢を合わせ、まず豚肉、もやしとパプリカの順に加えて和える（c）。

コラム④　野菜の切り方と下ごしらえ

【繊維を断ち切る】

野菜が口の中に当たったり、飲み込みにくいと感じるようになったら、繊維に沿って切るのではなく、断ち切るように刻むのもおすすめ。イラストはピーマンの場合。

【千切り、みじん切りも大きめに】

細く刻んだ千切りは噛みづらく、細かいみじん切りは誤嚥の原因になったり、歯間に挟まりやすい。今までより幅広、大きめに刻み、加熱時間を長くしてやわらかく仕上げる工夫を。白菜の軸は一口大に切ると食べやすい（イラスト参照）。

【もともと硬い野菜は】

煮物用に乱切りにしていたれんこんは、繊維を断つように薄く輪切りにすると、ぬめりが出て食べやすくなる。厚めに切りたい場合は、下ゆで時間を長くするとやわらかくなり、味もしみ込みやすい。

ごぼうは、やわらかくするのが難しいので、ポタージュにしたり（177 ページ）、独特の香りが欲しいときは、少しすりおろして使っては。シニア向けきんぴらには、ごぼうではなくれんこんやパプリカなど、やわらかい野菜を使っても美味しくできる（96 ページ）。

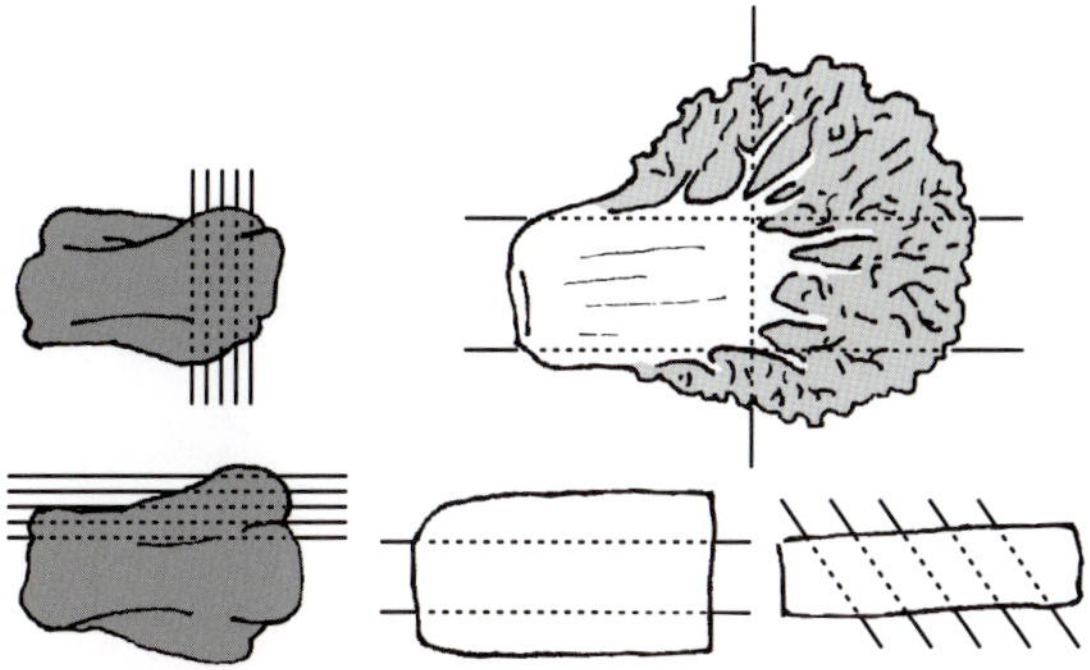

ピーマンの繊維を断ち切る切り方（左上）と繊維に沿う切り方（左下）。白菜の軸を一口大に切る方法（右）

楽々シチュー

別名「なまけもののシチュー」と言われる、これまた切って煮込むだけで美味しい簡単メニューです。
「まったく手間いらずなのに、スープも野菜もホッとするあたたかさを持っています」（『小林カツ代のおかず超簡単』家の光協会）
とは、いかにも師匠らしい表現だと思います。

「らくらく」は「小林カツ代語」だった

ちょっと横道にそれますが、そもそも料理に「らくらく」という言葉を使い始めたのは師匠が最初と聞いています。

「はじめに」でも書いたように、高校生の私を魅了した料理本が『らくらくクッキング』。この本は１９８０年刊行ですが、刊行のきっかけとなった雑誌付録が出たのは１９７０年代でした。その後、『楽々ケーキ作り』（主婦と生活社）というロングセラーもあり、「楽々」

ないし「らくらく」は、１９７０年代に生まれた「小林カツ代語」だったようです。

野菜は大らかに切る

「この料理は、あなたじゃなくて、コンロが作ってくれるんです」

　と師匠がよく言っていたように、人間のしなければならないことは、ざっくり大らかに野菜を切って、あとは鍋に詰めてコンロにのせるだけ。煮込む時間が美味しくしてくれます。

　ですから、包丁を細かく使うのが苦手になってきたシニア世代にぴったりの料理ともいえます。キャベツは芯がついたままの四半分をさらに半分に。玉葱は四半分に。にんじんも1センチくらいの厚めの輪切りで大丈夫。セロリは苦手ならば入れなくてもいいのですが、入れるとスープが、がぜん洋風の味わいになります。ただ、鍋に入れる前に筋だけは取っておきたいもの。歯の間に挟まったり、口の中に残ってしまうので。野菜は大きいままでゆっくり煮たほうが、甘く、優しい味になるというのが師匠の持論でした。

　キャベツは繊細な野菜なので、ちまちまと切ってから煮込むと水分が出すぎてまずくなる、のだそうです。「仕上がりが、ちまちまとした味になる」とも言っていましたね。

　食べるときに大変なんじゃないか？　そう思う人もいるでしょうが、煮込んで好みのやわ

楽々シチュー

らかさになったとき、芯のところにキッチンばさみを入れると、キャベツは1枚ずつ葉をはがすことができます。小林カツ代という人は、これを器用に箸で巻きながら、ペロリペロリと食べるのが好きでした。もちろん、食べやすい大きさに切っても可です。

肉は絶対に骨付き

どんな肉でもいいのですが、コラーゲンたっぷりの美味しいスープに仕上げるには骨付きの鶏肉がおすすめです。食べるときには手羽中が楽ですが、もし手に入らなければ手羽先か手羽元（ウイングスティックとも呼ばれている）を使ってください。これに塩小さじ½をまぶします。袋に入れて上からもむのではなく、手の体温で肉に塩をしみ込ませることが大事です。

この鶏肉と野菜を手ごろな大きさの鍋に詰め、4カップの水を注ぎ、固形スープの素を1個入れてパラパラと塩をふります。固形スープの素にもいろいろな種類がありますが、師匠は絶対に「マギーブイヨン」でした。しかし、その後、一人分を作るときには顆粒状のほうが便利とわかり、他のものも使うようになりました。

火加減は強めでも大丈夫

よく「ポトフはストーブの火で気長に煮込むといい」などと言いますが、ガスコンロにかける場合、最初のうちは強めの中火で大丈夫です。フツフツとしてきたら、フタを少しずらしてのせ、コトコトという音がするくらいの火加減で、野菜が好みのやわらかさになるまで煮てください。

ＩＨのコンロで加熱する場合は、最初だけ弱めの中火にしてください。ガスコンロとは性質が違うので、強めにしておくと、意外なことに鍋底が焦げついてしまうことがあります。

翌日の楽しみも

実はこの料理、作った翌日のほうがより美味しくなるのです。だから、一人暮らしでもあえて二人分作るほうがおすすめ。

今回のレシピはハーブを使っていませんが、ローリエやローズマリーなど、好きな香りのハーブがあれば、ぜひ入れてみてください。

楽々シチュー

【材料】（2人分）

キャベツ……¼個（300g）
玉葱…………½個（100g）
にんじん……½本（100g）
セロリ…½〜1本（100g）

鶏手羽中又は手羽先
…250g（手羽先4〜5本）
塩………………小さじ½
水………………4カップ
顆粒スープの素…小さじ2

【作り方】

a

b

①キャベツと玉葱は芯を残したまま2つに切る。にんじんは1㎝幅の輪切り、セロリは筋を取り除き、4㎝長さに切る。鶏肉は塩小さじ½をまぶす。
②鍋の中を水でぬらして、野菜と鶏肉を詰める（a）。
③水、スープの素、塩2つまみ（分量外）を加えて強めの中火にかけ、フツフツしたら弱めの火にして、フタを少しずらしてのせ30〜45分ほど煮込む。胡椒（分量外）は好みで。キャベツは食べる前にキッチンばさみなどで芯を切り落とす（b）。

コラム⑤　毎日の生活に取り入れたいオイル

【加熱せずに使うオメガ3系オイル】

・えごま油・亜麻仁油

脳の血管の状態を保つ、認知症予防に効果があるとされる。味にはくせがある。ゆで野菜と和える、サラダのドレッシングなどに。

【加熱せずにそのまま使う飽和脂肪酸の豊富なオイル】

・ココナッツ油

アルツハイマー型認知症の予防と改善に効果ありとされる。パンに塗る、お菓子づくりに使う。

【加熱しても、しなくてもいいオメガ6系オイル】

・胡麻油・大豆油・コーン油

血中コレステロールを下げる効果があるとされるが、取り過ぎは禁物。炒める、揚げる、ドレッシングなどに。

【加熱しても、しなくてもいいオレイン酸主体のオイル】

・オリーブ油・紅花油

血中コレステロールを下げ、悪玉コレステロールを下げる働きがある。炒める、揚げる、ドレッシングなどに。

※上記のオイルを使う場合、1日小さじ1杯ほど（1人分）を目安に。1日に摂りたい油の量は調理用を含めて大さじ1杯強（15g）だが、このうちの小さじ1杯分は健康によいオイルで摂ることを心がけて。

※いずれのオイルも酸化しないように冷暗所で保存し、2カ月程度で使いきるのがおすすめ。

マカロニグラタン

高齢者の料理教室で、ハンバーグに並んで人気が高かった洋食がグラタンです。これまでに何度か登場したシニア男性クラスでも、ホワイトソースを使った料理は大好評でした。今どきの子は炭水化物を避けるためかマカロニ入りを嫌いますが、やはり昭和の味には、ホワイトソースと和えた、チュルッとした食感のマカロニが欠かせません。ここでは、たっぷり入れることにしましょう。

失敗しないホワイトソース

「ホワイトソースは大事なベース　美味しさを決める大事なベース　だからといってむずかしく作ることはありません　やさしく作れる方法を　教えますからその通り　やってみてください　きっとうまくいきますよ」(『小林カツ代の簡単おかず』家の光協会)

と書いているとおり、小林カツ代流ホワイトソースは失敗知らずなんです。私が高校生の頃、初めて師匠の本を読んで作った料理がホワイトソースを使った「白身魚のボンファム」

でした。本の通りに作ったら、それはそれは上手くできたので、この道に入ってしまったというわけです。では、その「失敗しないコツ」を伝授しましょう。

まず玉葱を薄切りにしてバターで炒めます。火が通ったらぐんと弱火にして、小麦粉を入れ、さらに炒めます。カツ代流のコツは、ここで火をいったん止めて、冷たい牛乳を半カップ加え、木ベラでやさしく混ぜることです。従来の方法では、バターで炒めた小麦粉に温めた牛乳を注ぎ、混ぜていました。しかし、小麦粉のグルテンは加熱すると固まるので、どうしてもダマが出来やすい。冷たい牛乳を入れたほうが、ずっとなめらかに仕上がるのです。

思いつくままやっているように見えて、実は科学的な根拠に基づいているのが師匠の真骨頂。そこに大阪人ですから、良い意味での「ケチ」さも加わり、材料を無駄にしたくないので、絶対に失敗させせない方法を編み出したとも言えます。

余ったときには

ホワイトソースは一人分だけを作るのは難しいので、一度に二人分作ってグラタン皿か耐熱容器に入れて焼いてしまうのがおすすめです。残った分は、完全に冷まし、中味だけそのままレンジにかけられる容器に入れて冷凍しておきましょう。後日、電子レンジで温めても

マカロニグラタン

美味しく食べられます。冷凍でも味が落ちないのは、作ってから2週間以内と思っていてください。

とにかくホワイトソースさえ上手く作れれば、マカロニグラタンはまったく怖くない。マッシュルーム(缶汁ごと)やエビを入れ、10分ほどくつくつ煮込めばベースは出来上がり、後はチーズをふってこんがり焼くだけです。もし、ベースが硬めに仕上がったら、牛乳を加えて緩めたほうが、より美味しくなります。

塩を加えるときは慎重に。胡椒は入れなくてもいいと思いますが、もし入れるのであれば白胡椒の細かくひいたものをほんの少し。

マカロニはやわらかめにゆでる

グラタンはソース次第ではありますが、マカロニのゆで方にもコツがあります。ふだん、フレンチやイタリアンに使うときは、塩入りの湯で歯ごたえを残すようにゆでていることと思います。しかし、昭和の匂いがするグラタンの場合、ややふにゃふにゃ感がするくらい、やわらかくゆでるほうがおすすめ。塩を入れず、いつもより長めにゆでてください。

また、時短料理のときは早くやわらかくなるマカロニを使うことがありますが、これだと弾力がなさすぎて、丸い穴からホワイトソースがとろ～り、とはなりません。あくまでオーソドックスな、普通のマカロニを使ってください。

もし、お孫さんのためにこの料理を作るのであれば、マカロニの量は半分に減らしたほうがいいかもしれません。やや手のかかる一品ではありますが、老若男女に好まれるマカロニグラタン、ぜひ挑戦してみてください。

白身魚のボンファム

ついでに、高校時代の私が作って感動した「白身魚のボンファム」の作り方もお教えしましょう。

ホワイトソースの作り方はまったく同じですが、最後にパセリのみじん切りを多めに加えます。

塩少々をふりかけた白身魚は、バターでソテーするか、あるいは白ワインをかけて蒸し煮にします。皿に魚を盛り付けたら、上からたっぷりとパセリ入りのホワイトソースをかけて出来上がり。

マカロニグラタン

【材料】（2人分）

マカロニ ……………… 80g
マッシュルーム缶（スライス）
　…………… 小1缶（50g）
むきエビ ……… 100〜150g
塩 ………………… 小さじ¼
溶けるチーズ ……… ½カップ

＜玉葱入りホワイトソース＞
玉葱 …………………… ¼個
バター …………… 大さじ1
小麦粉 …………… 大さじ2
牛乳 ……………… 2カップ

【作り方】

a

b

c

①マカロニはやわらかめにゆでる。
②玉葱は薄切りにする。鍋にバターを溶かして玉葱を炒め、弱火にして小麦粉をふり入れ、1〜2分さらに炒める(a)。いったん火を止め、牛乳½カップを加え(b)、木べラでなめらかに混ぜる。
③残りの牛乳を2〜3回に分けて加え、混ぜる。やさしくかき混ぜていると、小麦粉が綺麗に溶ける。
④再び火にかけ、フツフツしたら、エビとマッシュルームを缶汁ごと加える(c)。時々混ぜながら弱火で10分ほど煮て、塩で味を調え、マカロニを混ぜる。耐熱容器の中を水でサッとぬらして入れ、チーズを散らす。
⑤200度のオーブンで10〜15分、チーズがこんがりするまで焼く。
※浅めの耐熱容器なら、オーブントースターでも焼けます。

コラム⑥　残った料理の保存法

【保存するときのルールを決める】

冷蔵庫の扉をあけたとき、作り置き用と残りもの用の容器が一目でわかるようにすると便利。たとえば、作り置き用は白のホーロー製か透明耐熱ガラス製容器。透明なフタだと、あけなくても中味がわかるので使い勝手がいい。残りもの用は小さめの形の違う容器にする（イラスト参照）。いずれもスタッキングできるもの。冷蔵庫内の置き場所も、左側は作り置き、右側は残りものなどと決めておく。電子レンジで温める場合は、そのまま入れられる容器を選ぶ。容器は清潔なものを使い、完全に冷めてから冷蔵庫に入れること。

【ラップで包む、密閉袋に入れる】

焼いた魚、肉などラップで包めるものは、なるべく空気を入れないようにぴっちりくるみ、さらにジップロックなどの密閉袋に保存する。

【冷凍向き料理】

ホワイトソースを使ったもの（グラタン、シチューなど）。匂いが移るので２週間以内に食べる。ハンバーグ、チキンのトマトきのこ煮、豆のトマト煮、クリームシチューなど。

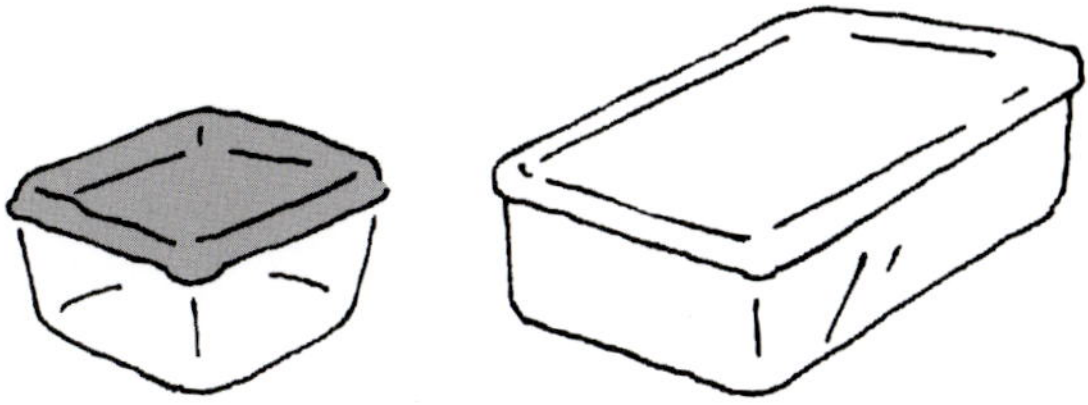

白いホーローで長方形は作り置き用（右）、小ぶりで真四角は残りもの用（左）、と、自分でルールを決める

チキンのトマトきのこ煮

「あきれる程簡単な料理だけれど、見栄えがするのが何よりよろしい」（『働く女性の急げや急げ料理集』大和書房）

と師匠が言うとおり、あっという間に出来て、しかもお洒落な一品です。初期のころは鉄鍋でチキンを焼き、缶入りトマトジュース（有塩）を入れて煮込むだけ。そこに、当時は珍しかったオレガノやバジル、パプリカといったハーブ類を使って香りづけしていました。付け合わせは、やはり当時は簡単に手に入らなかったフェトチーネ（きしめん風パスタ）。弟子入りしたばかりだった私は、その手際のよさと垢抜《あかぬ》けたセンスに、すっかり感心しました。

80年代半ばを過ぎると、都内のあちこちにイタリアンレストランが出来始め、こうした料理もよく見られるようになります。イタリアントマトの水煮缶もたやすく手に入るようになったので、この料理もトマトジュースをやめて水煮缶を使って作るように変わってきました。有塩の缶入りトマトジュースが手に入りにくくなったせいもあるのでしょう。当時、料理人やレストランではトマト・ピューレを使うことが多かったのですが、師匠は「一度あけると、すぐにカビが生えて使えなくなるから」と言っていました。お店ではすぐに使いきるからいいのですが、家庭ではそんなに毎日使うものではないので、保存が難しいと見抜いていたのでしょう。

唐揚げ用の肉で食べやすく

さて、この料理は、骨付きの鶏肉で作ると大変見栄えがいいのですが、シニア向けには最初からほどよい大きさにカットされた唐揚げ用の肉が作りやすく食べやすいと思います。

皮付きの鶏もも肉をフライパンでこんがりきつね色になるまで焼く。中まで火が通ったらにんにくを加え、続いてきのこを投入し、そこにトマトの水煮缶を入れます。１缶二人分の見当です。フタをして10分弱煮込むだけ。

ハーブの香りを楽しみたいときは、オレガノやバジル、ローズマリーなどを好みで加えましょう。出来上がりのタイミングに合わせて、やや太めのスパゲティをゆでておきます。もちろん、フェトチーネがあれば、それを使ってください。

チキンのトマトきのこ煮

きのこは何を使ってもいい

この料理に使うきのこは、生椎茸、しめじ、舞茸、えのきだけ、マッシュルーム、エリンギなど、何でも合います。いずれも手で食べやすい大きさにさき、分量も「どさり」という表現がぴったりするほど、たっぷりめに使いましょう。鶏肉を焼いた後、フライパンに入れます。きのこの前ににんにくを入れますが、これは香りを立たせるため。この順番は大切です。

今回のレシピでは、生椎茸としめじの2種類を組み合わせて使っています。食感や味が異なるので、1種類だけより味のバリエーションが楽しめます。

トマト水煮缶は残さずに

トマト水煮の1缶は４００グラムなので、半分（２００グラム）を使うと肉の量に対してはちょうどよく、全部入れるとソースがかなり多めになります。でも、パスタをからめて食べると考えれば、この量も妥当なところ。半分残しても次に使う予定が思い浮かばないときは、思い切って1缶煮てしまってください。もし、余ってもソースを冷凍しておけば、ポークソテー、ムニエルなどに添えて美味しく食べられます。玉葱やコーン、キャベツと一緒に煮込んでチキンシチューに変身させることも可能です。

私はトマト丸ごとのホール缶を使いますが（酸味が少しマイルド）、刻んだトマトの水煮缶でも大丈夫です。

もし、トマトジュース派の方がいらしたら、それで作ってみてください。こちらのほうが味は濃厚に仕上がります。水煮を使うときより、煮込み時間を少し減らして7分程度で。仕上がりが少しすっぱく感じられたら、砂糖かはちみつを少々入れて、味を調えます。

このレシピの強みは、手に入りやすく常備できる（しかも安価な）トマトの水煮缶やジュースと、鶏肉、きのこさえあれば、いつでも、あっという間に作れること。さっと短時間煮るほうがトマトのさわやかな酸味が生きて美味しいので、実に気軽に作れます。しかも、「見栄えがする」ため、ごちそうレシピにも。

家庭菜園などでトマトがどっさり収穫できたなら、生のトマトをザクザク切って煮込むのもおすすめ。少しあっさりめに仕上がりますが、それも手作りならではの味わいです。

チキンのトマトきのこ煮

【材料】（2人分）

鶏もも肉唐揚げ用 …… 300g
きのこ（生椎茸、しめじ等）2種
…………… 各1袋（200g）
トマト水煮缶 …………… 1缶
にんにく …………… 小1片
オリーブ油 ……… 大さじ1
塩 ………………… 小さじ¼
酒又はワイン ……… 大さじ3
ゆでたパスタ ……… 100g
パセリ（粗みじん切り）
…………………… 適量

【作り方】

a

b

c

①きのこは食べやすい大きさにさく。にんにくは2つに切る（a）。
②フライパンに油を熱し、肉を皮を下にして入れ、塩1つまみ（分量外）をふり、中火で焼く（b）。皮にこんがり焼き色がついたら、にんにくを入れて、裏返す。
③きのこをどさりと加え、分量の塩、酒かワインを加えて強めの中火にし、トマトをつぶしながら加え（c）、フタをして10分フツフツと煮る。味をみて、塩（分量外）で調える。
④付け合わせにパスタを添え、パセリを散らす。

ブリのはちみつ照り焼き

ふつう、魚の照り焼きといえば、まず魚をタレに漬けたり、表面にタレを塗りながら焼くものでしょう。しかし、このカツ代流照り焼きは、焼いたものをタレに漬け込む。実に簡単です。

「味は本式、手間は略式。作り方は簡単でも見た目も味も本格派」（『らくらくクッキング』）と師匠が自慢するのも当然。この方法だと、焼きながら焦がしてしまうこともなく、マンション暮らしのキッチンを煙でいっぱいにすることもありません。

美味しく仕上げるコツは二つだけ。

- 魚を室温に戻してから焼く
- 焼きすぎない（厚めのブリでも両面で7分くらい）

これだけ守れば、劇的に美味しい照り焼きが食べられます。焼くときも、後始末が大変なグリルではなく、フライパンで大丈夫です。

みりんの代わりにはちみつを使うと、タレが薄まることなく、しっかりと甘味が加わります。

ブリのはちみつ照り焼き

ブリのはちみつ照り焼き

【材料】（2切れ分）

ブリ ………………… 2切れ
片栗粉 …………… 小さじ2
油 ………………… 小さじ1
＜タレ＞
はちみつ …… 大さじ1～2
酒 ………………… 大さじ1
醤油 …………… 大さじ1.5

＜付け合わせ＞
チンゲン菜 ………… 1株
にんじん ……………… 2㎝

【作り方】

a

b

①タレの材料を皿かバットに合わせる。
②室温に戻しておいたブリはペーパータオルなどで水けを拭き、片栗粉を均一にまぶす。フライパンに油を熱し、ブリを並べて中火で焼き始める（a）。こんがり焼けたら裏返し、フタをして中まで火を通す。
③焼きたてをタレに絡めて（b）、器に盛り付ける。上からもタレをかける。
＜付け合わせの作り方＞
①チンゲン菜は軸と葉に分け、葉はザク切り、軸は食べよい大きさに切る。にんじんは薄い半月切りにする。
②鍋の中を水でぬらし、にんじん、チンゲン菜の軸、葉の順に重ね入れ、水を¼カップほど（分量外）入れてフタをして中火にかけ蒸し煮にする。

焼きサバ南蛮

ある年齢になると、どんなに料理好きだった人でも揚げ物は卒業したくなるようです。油の始末も大変ですし、万が一、鍋に火が入ったら……という不安もあります。

でも、魚の南蛮漬けは食べたい。そんな人におすすめの、焼き魚を南蛮風のタレに漬けるやり方です。魚の骨が喉にささったりすると大変なので、最初から骨なし、三枚におろした切り身を使いましょう。そのためには、ふだんから近所の魚屋さんと仲よくしておくとよさそうです。もちろん、スーパーの魚売り場でも頼めばおろしてもらえます。

美味しく作るコツは、やはり室温に戻してから火にかける。焼きすぎないこと。10分は焼きすぎです。サバのような厚みのある魚でも両面7〜8分で大丈夫。アジやサンマも同様に。

さて、南蛮風のタレですが、シニア向けには赤唐辛子の輪切りを抜いてしまってもいいかもしれません。酢の分量も少し減らしてマイルドに。漬け込む野菜は、やはり千切りが美味しいですが、包丁で刻むのがちょっと辛くなってきた人は、千切り用スライサーを使ってみてください。簡単で仕上がりもきれいです。

焼きサバ南蛮

焼きサバ南蛮

【材料】（2人分）

サバ（生）…………… 2切れ
塩………………… 2つまみ
長葱………………… 10cm
玉葱………………… ½個
ピーマン……………… 1個
生姜（細切り）………… 少々

＜漬けダレ＞
醤油…………… 大さじ1.5
砂糖…………… 大さじ1.5
酢……………… 大さじ1.5

【作り方】

a

b

①漬けダレの材料を皿かバットに合わせておく。

②長葱とピーマンは細切りにする。玉葱は縦薄切りにする。切ったものから、漬けダレにどんどん漬けていく。生姜も加える（a）。

③室温に戻しておいたサバは水けを拭いて塩を全体にふり、熱した魚焼きグリルで、こんがりと焼く。熱々を②にジュッと漬けて、調味料を両面に絡ませる（b）。食べるまで魚の上に野菜をのせておく。

ひとり寄せ鍋

「煮込みハンバーグ」と同じ系列ですが、師匠が晩年にたどり着いた究極のわがまま便利レシピが、この「お一人さま鍋」。「ひとりすき焼き」というのも、ありましたね。

家族が大人数の時代は、大きな土鍋を囲むのが「家庭の幸せ」を象徴していたのかもしれませんが、実は取り分けたり、材料を補ったりと忙しく、ゆっくり味を楽しむわけにはいきません。歳をとってこそ、この一人鍋で好きなものを自分のペースで味わいたいものです。

ついに我が家では人数分の一人用土鍋を揃えました。材料の野菜（白菜でもきのこでもにんじんでも）をきれいに詰め、一番上に肉（鶏でも豚でも牛でも）をのせて、出汁を注ぎます。帰宅時間もバラバラなので、この状態の鍋を冷蔵庫に入れておき、帰ってきた人が自分の鍋を取り出して火にかける。15分くらい待てば食べられます。野菜は煮えにくいものを下に、煮えやすいものを上に置くのがコツ。朝は残った出汁で雑炊を作る楽しみも。

この一人鍋、年配の親にごはんを作っている友人たちの間で話題に。親をおいて外出するときなど留守番食として作っておけば、火にかけるだけで温かい料理が食べられると大好評。

ひとり寄せ鍋

ひとり寄せ鍋

【材料】（１人分）

鶏もも肉 …… 100〜150ｇ
白菜 …………… １〜２枚
長葱 ………………… ５㎝
生椎茸 ……………… １枚
にんじん …………… ２㎝
木綿豆腐 …………… ¼丁

A
- だし汁 …… 1.5カップ
- 酒 ………… 大さじ１
- 薄口醤油 …… 大さじ１

【作り方】

a

b

①白菜の葉はザク切り、軸は縦２つに切ってから、斜めに一口大に切る（43ページ）。長葱は斜めに１㎝幅、生椎茸は２つに切る。にんじんは薄い輪切りにする。豆腐は２〜４つに切る(a)。鶏肉は大きめの一口大に切って、塩（分量外）をまぶす。
②一人用土鍋の中を水でぬらし、具材をきれいに全部詰める。肉は最後に入れる。Ａを合わせて、上から注ぐ(b)。
③フタをして弱めの中火で２〜３分。その後弱火にして、肉に火が通るまで15〜20分煮る。
※フタをあけて、アクが出ていたら取るが、意外にアクの出ないことが多い。肉の代わりにタイ、タラなどの魚でも同じやり方で。

第2章

とにかく野菜を食べましょう

歳を重ねると、怖いもの。その筆頭は、健康上の不安でしょうか。体力、気力が衰え、病気にかかりやすくなる――。糖尿病や高血圧などの生活習慣病、脳梗塞や脳出血といった脳疾患、心筋梗塞、認知症など、数え上げたらきりがありません。

シニアの健康維持に有効とされているのが、野菜をたっぷり食べること。1日350グラムという目標値があります。これは2000年に厚生労働省が発表した「健康日本21」という施策の中に出てくる数字です。1997年の調査では成人が1日に摂る野菜の量が292グラムでした。しかし、「生活習慣病を予防し、健康な生活を維持する目標値」としては350グラムが必要だというのです。実は、この数値、年々改善されつつあり、今では300グラム程度まで上がってきています。

さて、最低限350グラムといっても、どれくらいの量か見当がつきますか？　ほうれん草や小松菜のお浸し1皿が約50グラム、トマトやきゅうりなど水分の多い野菜ならば、その二つを丸ごと1個ずつでも350グラムを超えるかもしれません。逆に、もやしやごぼうならば、いくら食べても、なかなか到達しないでしょう。理想的には、こうしたさまざまな野菜を食べて1日に350グラムを超えるといいのですが、一人暮らしや二人家族でたくさんの野菜を買ったら、とても1週間では食べきれません。

それほど厳密に考えなくても、１日の終わりに今日は何種類のおかずを食べたか思い出してみて、６～10種類あれば合格としましょう。６種類に満たないときは、次の日に少し種類を増やしてみる。長寿の秘訣とも言われるフルーツを食べるのも、非常にいいことだと思います。あまり神経質にならず、１週間のうちでしっかり補いましょう。

この章では、なるべくいろいろな種類の野菜を無理なく摂れるメニューを提案します。まずは、豚汁とけんちん汁。冷蔵庫の余った野菜をすべて使いきることのできる汁物です。

そして、誰もが不安に思う認知症を防ぐためのメニューや、多めに作って毎日の食卓に少しずつ並べたい野菜の作り置きおかずを紹介します。

こんなに野菜の美味しい国で、充分に野菜を摂っていないとは、とても残念なこと。ぜひ、近所の八百屋さんと仲良くして、旬の野菜を、どんなふうに食べるといいか、アドバイスしてもらいましょう。私も、都内の熱心な八百屋さんたちが立ち上げた「八百屋塾」に毎月参加し、いろいろ勉強させてもらっています。そのエッセンスもお伝えしますね。

豚肉たっぷり豚汁

いろいろな種類の野菜をたくさん食べるのに最適なのは豚汁。同時に冷蔵庫に残った野菜の整理にもなります。

必ず入れたいのは、豚肉とごぼう、葱。あとは何が入ってもいい。冷蔵庫に残りがちな大根、にんじん、里芋、じゃが芋、白菜など。あれば、豆腐（木綿・絹どちらでも）と糸こんにゃくかつきこんにゃく、白滝を食べやすく切ったものを入れます。

最後に、粗びきではない昔ながらの胡椒をほんのひとふり。味噌汁に胡椒とは意外なかんじがするかもしれませんが、それだけで驚くほど味が垢抜けます。

豚肉たっぷり豚汁

【材料】（３杯分）

豚こま切れ肉……………150ｇ
ごぼう…………………………５㎝
長葱……………………………10㎝
にんじん…………………………３㎝
大根……………………………３㎝
白滝……………………………½袋
里芋……………………１～２個
白菜又はキャベツ
　………………………１～２枚
豆腐……………………………¼丁

サラダ油……………小さじ１
水……………………３カップ
味噌……………大さじ２～３
胡椒………………ほんの少々
細葱（小口切り）………適量

【作り方】

①ごぼうはささがきにして、サッと水洗いする。ささがきが難しければ斜め薄切りに。にんじんと大根は薄い半月切りかいちょう切りにする。白滝は２㎝長さ位に切る。里芋は皮をむき１㎝幅くらいの輪切りにする。白菜かキャベツは食べやすい大きさに（43ページ）、長葱は１㎝長さに切る。豆腐はさいの目に切る。

②鍋にサラダ油を熱して、ごぼうと豚肉、白滝の順に加えて炒める。にんじん、大根、里芋、白菜、長葱も順に加えて炒め、全体が熱々になったら、分量の水を加える。野菜がやわらかく煮えたら、味噌を溶き入れる。

③豆腐を加え、ひと煮立ちしたら、すぐに火を止め、仕上げに胡椒をほんのひとふり。器に盛り付け、小口切りにした細葱を散らす。

けんちん汁

精進料理の献立に欠かせない、けんちん汁。木綿豆腐を用いるのが基本です。

まず、豆腐をくずしながら炒め、そこに野菜を加えていきます。今回のレシピではしめじですが、きのこは、椎茸、舞茸など何を使っても大丈夫。

豚汁は味噌仕立てですが、けんちん汁の基本はだしと塩、醤油で味を調えます。とろみを付けると食べやすく、体を温める効果もアップ。特に、冬はすりおろした生姜をのせることも忘れずに。豆腐だけでなく油揚げを入れても、より美味しくなります。

けんちん汁

【材料】（３杯分）

木綿豆腐……………… ¼丁
大根………………………３㎝
にんじん………………３㎝
長葱…………………… 10㎝
しめじ…………½袋（50g）
こんにゃく……………½枚
サラダ油又は胡麻油
…………………小さじ１
だし汁…………… ３カップ
塩…………………小さじ½
醤油………………小さじ１
┌片栗粉…………小さじ１
└水…………… 小さじ１強
おろし生姜…………… 適量

【作り方】

①にんじん、大根は５㎜厚さのいちょう切りにする。長葱は１㎝長さに切る。しめじは石突きを切り落としてほぐす。こんにゃくは食べやすい大きさの薄切りにする。
②鍋に油を熱し、木綿豆腐をそのまま加えて、強めの中火でくずしながらよく炒める。熱々になったら、こんにゃく、にんじん、大根、長葱、しめじの順に加えて炒め合わせ、全体に油が回ったら、だし汁を加えて中火で煮る。
③野菜がやわらかくなったら、塩と醤油で味を調え、水溶き片栗粉でゆるいとろみをつける。椀に盛り、おろし生姜をのせる。
※刻み油揚げを入れても美味しい。きのこは何を使ってもいい。

食事でボケ防止できるなら

認知症といかないまでも、年齢と共に加速する「ボケ」を少しでもくい止めたいとは誰もが思うこと。美味しいものを食べてボケ防止できるなら、実にいいですよね。

本書では管理栄養士・彦坂陽子さんのアドバイスをいただきながら、認知症予防、ボケ防止に効き目のある成分を多く含む野菜のメニューを紹介します。

そして、何より一番のボケ防止は、できるだけ長く（命あるかぎり！）自分で台所に立ち、手先を使って料理すること、だそうです。

抗酸化作用のある食べもの

近年よく聞くようになった「抗酸化作用」という言葉。生きて呼吸しているだけで、体の中には活性酸素が溜まり、それが健康な細胞を攻撃して酸化＝老化が進むのだそうです。その酸化を防ぐのが、抗酸化作用のある食べもの。

- ＤＨＡを多く含む青魚…アジ、イワシ、サンマ、サバなど。

・緑黄色野菜…トマト、かぼちゃ、ほうれん草、ブロッコリー、ピーマン、にんじんなど。
・果物…アボカド、ブルーベリー、ぶどう、スイカなど。
これらの食材には、ビタミンC、ビタミンE、β-カロチン、リコピン、ポリフェノール、葉酸など、抗酸化作用が高くボケ防止に役立つといわれる成分が豊富に含まれています。

トマト、アボカド、ブロッコリーを少しずつ

まずは、いずれも抗酸化作用の高い野菜、トマト、アボカド、ブロッコリーの3種類を代表選手として、毎日少しずつでも摂れるようなメニューを考えました。この三つに共通するのは、女性は好むけれど、男性はわりと苦手な人が多いということ。ぜひ、美味しい調理法、食べ方を知ってほしいものです。
・トマト…抗酸化作用の高いリコピンが豊富。オイルと共に摂るとさらに効果アップ。
・アボカド…栄養価が高く「森のバター」の別名も。ビタミンEが豊富で、カリウムも多く、摂りすぎた塩分を排出する働きがある。
・ブロッコリー…β-カロチン、ビタミンC、ビタミンEが豊富で、がん予防にも効果があるとされている成分「スルフォラファン」を含む。スプラウト（芽）もその成分が豊富。

トマトのはちみつサラダ（写真右）

【材料】（1人分）

トマト ………… 1個（200g）
パセリのみじん切り …… 少々

＜はちみつドレッシング＞
はちみつ ………… 小さじ1
細切り生姜 ………… 少々
塩 ………… 1つまみ
酢 ………… 小さじ½
オリーブ油 …… 小さじ½～1

【作り方】

①トマトの皮が気になる人は熱湯に10秒つけた後、すぐに冷水にとって湯むきする（イラスト参照）。水けを切り、半分に切って横1㎝幅に切り、器に盛る。

②ドレッシングの材料を合わせ、トマトにかけて、食べるまで冷蔵庫で冷やす。パセリのみじん切りを散らす。夏のパセリは、香りだけでなく野菜としても栄養価が高い。

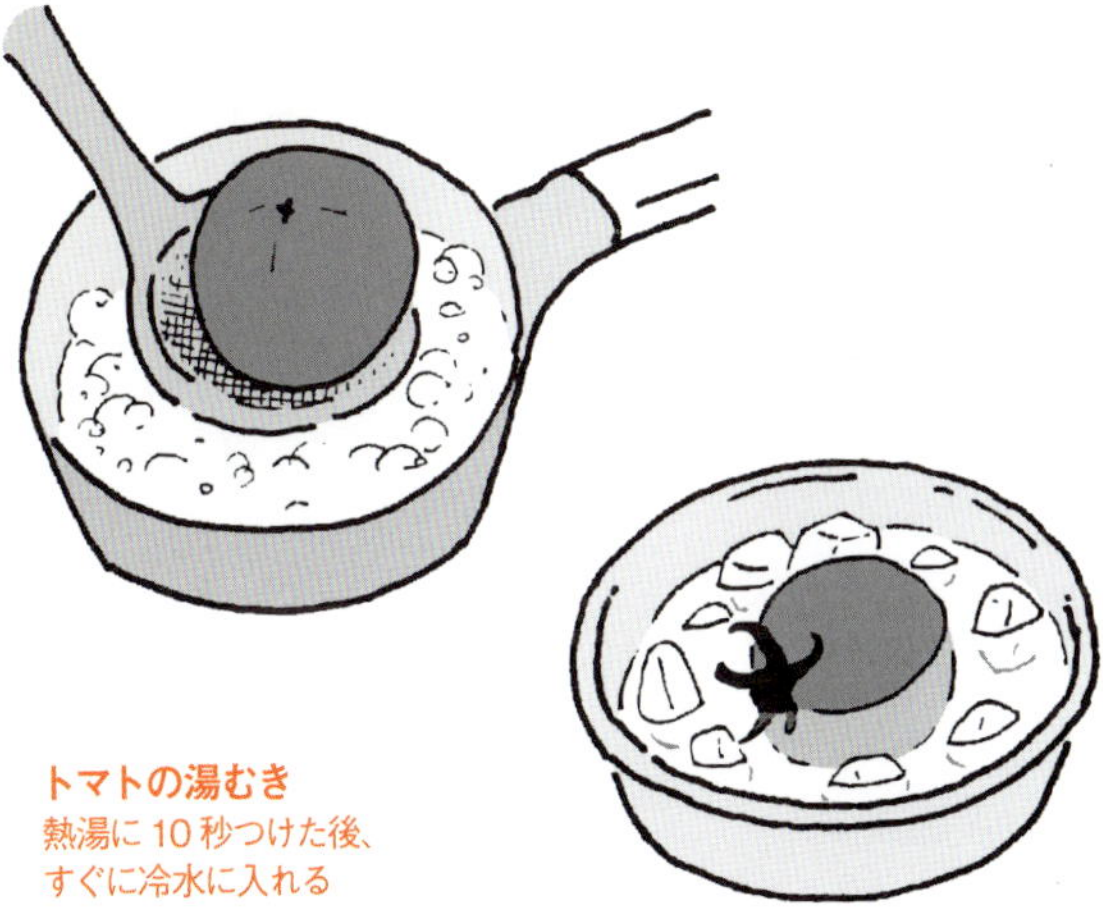

トマトの湯むき
熱湯に10秒つけた後、
すぐに冷水に入れる

トマトとチーズの味噌ドレッシング（写真左）

【材料】（1人分）

トマト……… 1個（200g）
クリームチーズ
………………… 30～35g

＜味噌ドレッシング＞
白味噌…………… 小さじ1
（好みの味噌でいい）
砂糖……………… 小さじ½
醤油……………… 小さじ½
酢………………… 小さじ½
オリーブ油……… 小さじ1
（好みの油を使う［51ページ］）

【作り方】

①トマトとチーズは2㎝角くらいに切る。
②器に盛り付け、合わせた味噌ドレッシングをかける。

鶏肉とアボカドのレモンサラダ（写真右）

【材料】（１人分）

鶏ささみ肉 …………… １本
塩 ………………… １つまみ
アボカド ……………… ½個
レモン汁 ……………… 少々
ミニトマト …………… ５個

＜レモンドレッシング＞
レモン汁 ………… 小さじ１
おろしにんにく ……… 少々
砂糖 ……………… １つまみ
塩 ………………… 小さじ¼
オリーブ油 ……… 小さじ２

【作り方】

①ささみは分量の塩をもみ込む。湯を1カップほど（分量外）沸かし、ささみを中火で５分ゆでる。冷めたらゆで汁から取り出し、一口大に切る。
②アボカドは種と皮を取り、一口大に切り、ボウルに入れる。レモン汁をかけ、ドレッシングの材料を次々、加える。
③ゴムベラなどで全体を優しく混ぜ、ささみ、半分に切ったミニトマトも加えてさっと和え、器に盛り付ける。

アボカドの種をとる
皮ごと半分に切り、
包丁の刃元を種に刺して
回しながらとる

アボカドとマグロの和えもの（写真左）

【材料】（1人分）

アボカド……………………½個
マグロぶつ…………50〜70g
スプラウト……………適量

（以下を混ぜ合わせる）
わさび…………………適量
マヨネーズ………小さじ1
醤油……………………小さじ1

【作り方】

①アボカドは種と皮を取り、マグロと大きさを合わせ、コロコロに切る。

②ボウルに、わさび、マヨネーズ、醤油を混ぜ合わせる。マグロ、アボカドの順に和える。

③器に根を切り落としたスプラウト（ブロッコリー、ソバなど）を敷き、盛り付ける。

ブロッコリー・卵・かぼちゃのサラダ（写真右）

【材料】（2人分）

ブロッコリー	¼個（100g）	酢	小さじ1
ゆで卵	1個	塩・カレー粉	各2つまみ
かぼちゃ	⅛個（150g）	マヨネーズ	大さじ2

【作り方】

①ブロッコリーは小房に切り分ける。かぼちゃは種を取って、一口大に切る。かぼちゃが硬くて切るのが大変な場合は、10〜20秒電子レンジにかけてから切る（カットされた冷凍かぼちゃも便利）。

②鍋にかぼちゃ、ブロッコリーの順に重ね、塩少々（分量外）を全体にふり、水½カップ（分量外）を加えて中火にかけ、フタをして水分がなくなるまでゆでる。水分がなくなったら火を止める。

③器に入れた②に酢をふり、塩、カレー粉、マヨネーズを加える。そこに大きめに切ったゆで卵を加えて全体を和える。

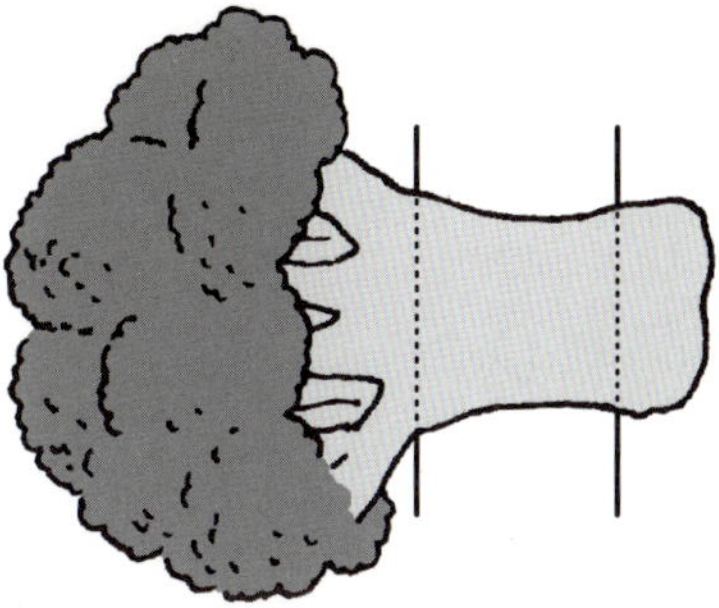

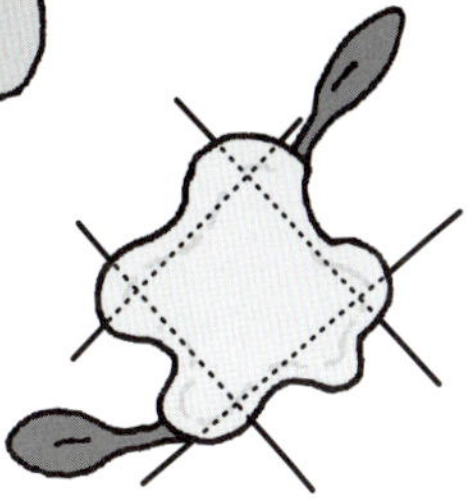

ブロッコリーの茎の切り方
根元1センチほどを除き、
茎の周囲を切り落としてから
適当な大きさに切る

ブロッコリーとオイルサーディンのナッツグリル（写真左）

【材料】（1人分）

ブロッコリー…¼個（100g）
オイルサーディン…½〜1缶
玉葱……………………¼個
スライスアーモンド
…………………大さじ1
塩…………………2つまみ
オリーブ油………小さじ2

【作り方】

①ブロッコリーは小房に切り分け、玉葱は繊維を断つように薄切り。
②耐熱容器に①の玉葱とブロッコリーを敷きつめる。オイルサーディンを重ね並べ、水大さじ2くらい（分量外）を回しかける。
③スライスアーモンドと塩を全体にかける。オリーブ油を回しかけ、200度のオーブンかオーブントースターで15分焼く。
※焼き色がついてきたら、アルミホイルをふわっとかぶせる。

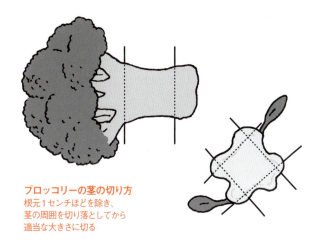

冷蔵庫にあれば安心の作り置きおかず

１日30品目とはいかないまでも、お浸しだけで50グラムの野菜を摂れるなら、食卓に３品並べると１５０グラムになります。買った野菜は、お湯を沸かしたついでにまとめてゆでたり、油で炒めて味付けしておく。清潔な容器に入れ、冷めたら冷蔵庫（チルドルームが理想的）に２〜３品常備しておくと安心。**夏は３日、冬なら４日以内に食べましょう。**

野菜のお浸しは、ほうれん草や小松菜をゆでて、薄く味付けしただし汁につけておきます。ゆでて絞ったものに醤油をかけるより、ずっと優しい味で塩分も控えめ。

コールスローと**きんぴら**は、シニア男性の会で好評だったメニュー。コールスローは酢を控えめにし、さっと火を通して食べやすくしたキャベツを使います。きんぴらは食物繊維がたっぷり。シニアになると、ごぼうは食べづらいので、他の野菜で。翌日、すり胡麻で和えたり、練り胡麻で和えると、また違う味で楽しめます。

自家製**なめたけ**は、梅干しを入れるのがキモ。プリップリッに仕上がり、保存力もアップ。

にんじんの白和えも、手順を簡単にしたとは思えない本格的なお味です。

春先のお浸し（手前右）

アスパラガス……………200g

- だし汁……………1カップ
- みりん……………大さじ3
- 薄口醤油……………大さじ1
- 塩……………2つまみ

夏野菜のお浸し（手前左）

トマト……………2個（350g）

- だし汁……………1カップ
- 刻み昆布……………小さじ1
- 塩……………小さじ½
- 砂糖……………小さじ1
- 醤油……………小さじ1～2

秋のお浸し（奥左）

きのこ……………200g

- だし汁……………1カップ
- みりん……………大さじ1
- 薄口醤油……………大さじ1
- 醤油……………小さじ1～1.5

冬のお浸し（奥右）

キャベツ……………4枚（300g）

- だし汁……………1カップ
- 薄口醤油……………大さじ1

シニア向けコールスロー

【材料】（2～3人分）

キャベツ¼個（250g）／コーン缶1缶（120g）

<ドレッシング>

塩小さじ½／砂糖小さじ1／米酢大さじ1／オリーブ油大さじ2

【作り方】

①キャベツは1cm幅に切る。コーンは缶汁をきる。ボウルにドレッシングを合わせておく。②鍋の中を水でさっとぬらしてからキャベツを入れる。水大さじ2（分量外）を加えてフタをして強めの火にかけ、1～2分蒸し煮にする。上下を返すように、ひと混ぜしたら火を止める。水分が出ているようならザルで水けをきる。③キャベツが熱々のうちにドレッシングで和え、コーンも加える。

きんぴら2種

【材料】（各4人分）

パプリカ赤・黄各½個（200g）／オリーブ油大さじ1／砂糖・薄口醤油各大さじ½

れんこん1節（約200g）／胡麻油大さじ1／砂糖・薄口醤油各大さじ½

【作り方】

パプリカは繊維を断つように細切りにする。鍋にオリーブ油を熱し、パプリカを中火で炒める。熱々になったら、砂糖と薄口醤油を加え、水分を飛ばすように炒め、すぐに器に移す。

れんこんは薄い輪切りにし、水にさらさない。胡麻油をひき中火で炒め、上と同じように作る。パセリみじん切り（分量外）を混ぜる。

にんじんの白和え

【材料】（3人分）

木綿豆腐½丁（150g）／油揚げ1枚／にんじん½本（100g）／春菊50g／A（水大さじ4／薄口醤油大さじ1／みりん大さじ2／すり胡麻大さじ4）

【作り方】

①豆腐はキッチンペーパーで包み、皿2～3枚で重しをして20分ほど置き、水きりをする。②にんじんは半月の薄切り、油揚げは細切りにして鍋に入れる。Aを加えフタをして5分位中火で煮る。フツフツしてきたら、2㎝長さに切った春菊をのせて、煮汁がなくなるまで煮る。皿などに移し、広げて冷まし、すり胡麻をまぶす。③豆腐をすり鉢かボウルに入れてつぶし、冷めた②を和える。

なめたけ

【材料】（4人分）

なめこ・えのきだけ各150g／細切り生姜1片分／梅干し大1個／A（酒・みりん各大さじ1／醤油大さじ2）

【作り方】

①なめこはざっと水洗いして、ザルで水けをきる。えのきだけは石突きを落とし2㎝長さに切る。②鍋の中を水でぬらし、なめこ、えのきだけ、生姜、梅干し、Aを入れて中火にかけ、フツフツしてきたらフタをして弱火で10分ほど煮る。汁ごと保存する。

茄子のお浸し、中華風お浸し

茄子2〜4本を丸ごと蒸すかゆでる。皮の固いときは、先に皮をピーラーで薄くむく。冷めたら、容器に入れて冷蔵庫に。

【作り方】

茄子のお浸し（写真右）

ひと口大に切って、刻んだ青じそをのせ、醤油で食べる。

中華風お浸し（写真左）

食べやすく手でさく。ハム１枚と細葱１本を刻んで散らし、醤油小さじ１、砂糖・酢・胡麻油各小さじ½を混ぜてかける。

きゅうりのゴロゴロ漬け

【材料】（３人分）

きゅうり３本／塩小さじ１／赤唐辛子１本／にんにく１片（2つ切り）

＜塩水＞

水２カップ／塩小さじ２

【作り方】

①きゅうりはまな板に並べて塩をふり、手で強くゴロゴロと転がす。こうすると味がしみ込みやすい。②①をザッと水洗いして２㎝長さに切り、保存容器に詰める。③②ににんにくと赤唐辛子を加える。分量通りの塩水を作り②の容器に注ぎ、フタをして冷蔵庫に。④30分ほどで食べられるが、一晩置くと味がなじむ。

第3章

春夏秋冬　1週間献立表

無駄なく・美味しく・安く

会社に通勤しているうちは、1週間の曜日の感覚もしっかりあり、毎日電車に乗っているだけで季節感も感じられるものなのだけれど……という話を、定年退職した人からよく聞きます。「毎日が日曜日」なので、週末という感覚も薄くなると。

そこで、提案したいのが、毎日の食卓で「春夏秋冬」「1週間」のメリハリを感じる工夫。まずは、週の始まりの月曜日に買い物に出かけ、ほぼ1週間分の食材を揃える。肉や魚のみ水曜日か木曜日に買い足す。月曜日の正午前後は店もあまり混まないし、食材も新鮮なので、シニアの買い物におすすめです。買った食材と常備している乾物や缶詰などを組み合わせ、日曜日の夜までに使いきりましょう。

やってみると、結構難しい。買い物に行くときには、ざっとした1週間分のメニューを考えておかなければなりません。たとえば、旬のキャベツ1個を買ったなら、10日前後で使いきるメニューを考えます。ある日の夕食に野菜の蒸し煮を作ったなら、その残りを翌朝トマト入りスープにするなど、あまり日を置かずに目先を変えて使うのです。ちょっとしたパズルのような楽しさもあります。

そして、日曜日には残りものを含め、家にあるもの全部詰めて、お弁当にする。大人のお弁当。どこに持って行くというわけでなくとも楽しいものです。ちまちまと残りものを入れた小皿を並べるより、ずっときれいで見栄えがします。この「見栄え」が、シニアの食欲を増す第一の要素であるとも聞きました。

朝はトーストとカフェオレ、バナナくらいで手軽にすませる。ささっとお弁当を詰めて、それを昼に食べても、夜にしてもよし。あるいは、日曜の昼は麺類を食べると決めてしまうのも、「ああ、また週末がきた」という実感があっていいかもしれません。麺類のバリエーションも、日曜日のところで紹介しておきます。

さて、この１週間献立表、実践してみて驚いたのは、びっくりするほど家計に優しいということ！　１カ月間続けると、食費がそれまでの３分の２程度になります。毎日、新鮮な食材を買うのもいいのですが、意外と残ってしまい、捨ててしまうものも多くなりがち。その点、１週間単位で考えると、かなり無駄が省けます。しかも、「春夏秋冬」で旬の食材を取り入れてメニューを考えるため、安くて美味しい、体にいいというメリットも。

そして、その献立をノートに書き残しておけば、来年もまた同じ時期、献立作りに役立ちます。

春

ほろ苦い山菜を始め、新キャベツやにんじん、新玉葱も出揃うこの季節、まだまだ寒暖差も大きいので温かい一皿が基本です。さまざまな春野菜と旬のタイやあさりを組み合わせ、蒸し煮を中心とした優しい味の料理に。一度買うと使いでのあるキャベツ、じゃが芋は、目先を変えた調理法で活用しましょう。いつもとひと味違うカレー風味の肉じゃが、カツ代師匠直伝の「座って包む葱焼売」も伝授します。日曜日には余った食材をもれなく使う、「家でも外でも春弁当」がおすすめです。

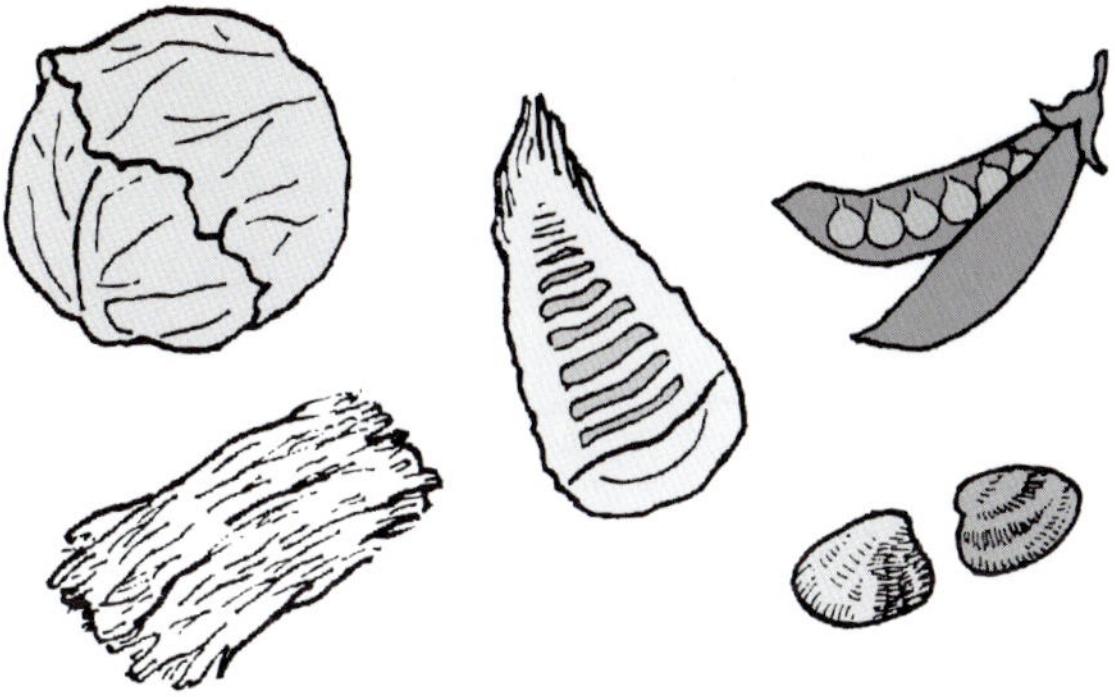

今週の主な買い物

【野菜】キャベツ／えんどう豆／生姜／ゆで竹の子／きのこ／細葱／絹さや／にんじん／じゃが芋／長葱／玉葱／かぶ

【肉・魚介類】タイ切り身／あさり／豚こま切れ肉／豚挽き肉／鶏こま切れ肉／鶏むね肉

【その他】春雨／油揚げ／牛乳／焼売の皮

春１週間の献立におすすめの旬の食材は、春キャベツ、えんどう豆、タイ、ゆで竹の子、あさりなど。春キャベツは軽いので丸ごと買い、10日で使いきるのを目標に。半分にしたキャベツは密閉袋に入れ、冷蔵庫の野菜室に。きのこは紙袋か新聞紙、生姜はペーパータオルに包み、ポリ袋かタッパーに入れて、冷蔵庫の野菜室へ。肉は、一人分なら１５０～２００グラム（２回分）が目安です。タイの切り身は２切れ入りパックを買い、１切れは塩魚（１２９ページ）に。

夕食 野菜は多めに蒸し煮にして、翌朝も使う

タイの野菜蒸し煮

【材料】（1人分）

タイ	1切れ	にんじん	1/3本（50g）
昆布	1枚（5×5㎝位）	キャベツ	2枚（200g）
水	1/4カップ	ゆで竹の子	小1/3本（50g）
酒	大さじ1	醤油又は甘辛醤油ダレ	適量

【作り方】

①鍋の中をざっとぬらし、昆布を置く。タイは塩1つまみ（分量外）を全体にふって、昆布の上にのせる。キャベツは一口大、にんじんと竹の子は薄い輪切りにして、魚の上に重ねる。水と酒を回しかけ、フタをして強めの中火にかける。

②煮立ってきたら、中火に落として約5〜10分蒸し煮にする。野菜ごと盛り付け、醤油や甘辛醤油ダレ（109ページ）で食べる。

月曜日

MONDAY

朝食　お孫さんが遊びに来たら、好きな果物でぜひ！

フルーツサンド

【材料】（1人分）

サンドイッチ用食パン…2枚
果物（いちご、バナナなど）…適量
生クリーム………½カップ
砂糖……………大さじ1

【作り方】

①果物は水けを拭いて、パンに挟みやすい厚さに切る。
②生クリームはボウルに入れ、砂糖を加えて泡立て器で泡立てる。
③パンに②のクリームをのせ、果物を並べる。果物の上にさらにクリームをのせ、パンを重ねてサンドする。食べやすい大きさにカットする。熱々の紅茶やほうじ茶と一緒に。

昼食　辛さを自分の好みで調節

担々麺

【材料】（1人分）

中華麺……………1人分
豚挽き肉………50〜100g
おろし生姜…………少々
長葱（粗みじん切り）…10cm
胡麻油…………小さじ2
水……………1.5カップ
顆粒スープの素….小さじ1

A
- 豆板醤………小さじ¼
（好みで加減する）
- 塩・砂糖……各小さじ½
- 醬油・酒…..各小さじ1
- 粉山椒…………少々
- 白練り胡麻…大さじ1〜2

香菜・青菜（好みで）…..適量

【作り方】

①鍋に胡麻油を熱し、生姜、長葱、豚挽き肉を中火で炒める。
②挽き肉に火が通ったら、Aの材料を加え3分ほど弱火で炒める。
③②に水と顆粒スープの素を加え中火で5分煮る。
④中華麺を袋の表示通りゆで、水けをきって丼に入れる。③を具ごと注ぎ、好みで香菜やゆでた青菜を添える。

夕食 春先に一度は食べたい豆ご飯

具沢山の豆ご飯

【材料】（3杯分）

えんどう豆 ……… 25〜30ｇ
にんじん（細切り）…… 2㎝
ゆで竹の子（いちょう薄切り）
　………… 小⅓本（50ｇ）
鶏肉親子丼用 ……… 100ｇ
薄口醤油 ………… 小さじ2
酒 ………………… 大さじ1
米 …………………… 1合

【作り方】

①鶏肉は小さい器に入れ、酒、薄口醤油を絡めておく。

②米は洗って炊飯器に入れ、水200㎖を加え、30分ほど置く。

③②に鶏肉を調味料ごと加えて、にんじん、竹の子、えんどう豆を入れ、すぐにスイッチを入れる。炊き上がったら充分蒸らし、全体を混ぜて器に盛り付ける。

火曜日

TUESDAY

朝食 残った蒸し野菜を活用

残り野菜のミニトマト煮

【材料】(1人分)

昨夜の残り蒸し野菜 ････ 適量
じゃが芋 ････ 小1個(100g)
ミニトマト ･･･････････････ 6個
塩･顆粒スープの素 … 各1つまみ
オリーブ油又は好きなオイル
･････････････････････ 小さじ1
乾燥バジル(好みで)…1つまみ

【作り方】

①鍋に一口大に切ったじゃが芋、ヘタを取ったミニトマト、残り蒸し野菜、塩、顆粒スープの素、好みでバジルを入れ、水½カップ(分量外)を加え、フタをして8～10分ほど中火で芋がやわらかくなるまで煮る。
②好きなオイルをかけて食べる。トースト、果物などと一緒に。

昼食 目先を変えてキャベツを使う

新キャベツとツナのスパゲティ

【材料】(1人分)

スパゲティ ･･････ 80～100g
ツナ缶 ･･････････････････ 小½缶
キャベツ ･･････ 1枚(100g)
にんにく(薄切り)… 小1片分
オリーブ油 ･････････ 大さじ1
塩 ･･････････････････小さじ½弱

【作り方】

①キャベツは1㎝幅に切る。湯を沸かし、塩(分量外)を加えてスパゲティをゆでる。最後にキャベツを加え、ひと混ぜして一緒に引き上げる。ゆで湯は少し取っておく。
②フライパンにオリーブ油、にんにくを入れて中火にかけ、香りがしてきたら、スパゲティとキャベツ、ツナ、塩を加えて絡め、器に盛り付ける。麺が絡まるようなら、ゆで湯少々を加えほぐす。

夕食 旬のあさりと豚肉を合わせて

かぶとあさりの豚肉入りサッと蒸し煮

【材料】（1人分）

あさり……………………150g
豚こま切れ肉……50〜80g
かぶ（葉も使う）……1〜2個
玉葱……………………¼個（50g）

A
酒……………大さじ2
塩……………小さじ½
水……………大さじ2

オリーブ油………大さじ1

【作り方】

①豚肉をほぐして、Aをまぶす。あさりはよく洗い、塩水にひたひたにつけ30分以上置く。2〜3回水をかえ、鍋に入れる。

②玉葱は縦に薄切り、かぶは縦4等分に切る。葉は2㎝長さに切る。切った順に鍋に重ね入れる。

③豚肉をAの調味料ごと②に加えて、上からオリーブ油を回し入れ、フタをして強めの中火にかける。

④5〜6分煮て全体を混ぜ、火が通ったら出来上がり。

※好みで柑橘類を搾ったりポン酢で食べてもよい。

水曜日
WEDNESDAY

朝食 昨夜の残りの豆は色あざやかな卵料理に

豆のスクランブルエッグ

【材料】（1人分）

えんどう豆……25〜30g
卵……1½個
塩……1つまみ
オリーブ油……小さじ1
バター……小さじ1

【作り方】

①豆は小鍋に入れ、ひたひたの水、塩を加えて、5分ゆでる。卵は溶きほぐす。
②フライパンにオリーブ油、バター、豆を入れて中火にかけ、アツアツになったら、溶き卵を流し、ふうわり炒る。

昼食 混ぜるだけの便利ダレを作ろう

合わせ味噌ダレ、甘辛醤油ダレ

調味料を混ぜるだけで簡単。どちらも冷蔵庫で3カ月保存可能。

合わせ味噌ダレ（写真左）
味噌……¾カップ（150g）
砂糖……大さじ1〜3
（好みで加減する）
みりん……大さじ3

甘辛醤油ダレ（写真右）
砂糖……50ml
みりん……50ml
醤油……100ml
※ひと混ぜしてから使う。

残り野菜と豚肉の炒めもの

豚こま切れ肉50〜80gと食べやすく切った野菜（キャベツ、玉葱、にんじんなど）150〜200gを胡麻油大さじ½で炒め、上のどちらかのタレ（好みで）で味付けするだけ。

夕食 失敗なしのホワイトソースで

クリームシチュー

【材料】（２人分）

鶏むね肉（皮なし）… ⅔枚（150ｇ）
塩 ………………… 小さじ½
玉葱 ………………………… ½個
ゆで竹の子 … 小⅓本（50ｇ）
にんじん ……… ⅓本（50ｇ）
オリーブ油 ……… 小さじ１
バター …………… 大さじ１
小麦粉 …………… 大さじ２
牛乳 ……………… 2.5カップ
絹さや（ゆでたもの）… ８〜10枚

【作り方】

①玉葱は薄切り、にんじんは３㎜厚さ位の輪切り、竹の子は１㎝厚さの一口大に切る。鶏肉は一口大のそぎ切りにし、塩をふる。
②厚手の鍋にオリーブ油とバター、玉葱を入れて火にかけ中火で炒める。鶏肉も加えて炒め、小麦粉をふり入れ１〜２分炒める。
③火を止め、牛乳½カップを加えて溶き混ぜる。残りの牛乳も少しずつ入れ、にんじんと竹の子を加える。再び火にかけ、鍋底が焦げないように混ぜ、とろみがついてきたらごく弱火で10分位煮込む。塩（分量外）で味を調え、絹さやを散らす。

木曜日

THURSDAY

朝食　多めに作っても、あっという間に

にんじんシリシリ

【材料】（多めの１人分）

にんじん……10㎝（100ｇ）
ツナ缶………………小¼缶
オリーブ油………小さじ１
塩…………………２つまみ
卵………………………１個

【作り方】

①卵は溶きほぐす。にんじんを千切りスライサー（太めの刃）などで細切りにして、フライパンに入れ、油を回しかける。
②①を中火にかけ、全体に熱くなってきたら塩で味を調える。
③ツナを加え、にんじんごと中心によせ、卵を全体に回し入れる。木べラと箸でまぶしつけるように炒め、卵に火が入れば完成。

昼食　ツナ缶の残りを忘れないうちに使いきる！

じゃがツナサンド

【材料】（１人分）

食パン又はロールパン…２枚（２個）
じゃが芋….小１個（100ｇ）
ツナ缶………………小¼缶
キャベツ………………１枚
A
- 塩……………２つまみ
- マスタード………少々
- マヨネーズ…..大さじ1

【作り方】

①じゃが芋は一口大に切って鍋に入れ、ひたひたの水でやわらかくゆでる。ゆで汁が残っていたら水けをきり、火にかけて鍋を揺すりながら、余分な水分を飛ばし、最後に細切りにしたキャベツも入れてサッと混ぜたら火を止める。フォークの背で芋をつぶす。
②ツナは水けを切り、①に加えて混ぜ、Aを加え全体をよく混ぜて、具を作る。パンにバター（分量外）を塗り、じゃがツナを挟む。

夕食 おなじみの肉じゃがをひと工夫

カレー肉じゃが

【材料】（2～3人分）

豚こま切れ肉 ……… 150g
玉葱 …………… ½個（100g）
じゃが芋 … 2～3個（300g）
サラダ油 ………… 小さじ2
水 ……………1.5～2カップ

A
- 砂糖 ………… 小さじ2
- 酒 …………… 小さじ2
- 醬油 ………… 大さじ1.5
- カレー粉 … 小さじ½～1

【作り方】

①玉葱は1㎝幅に切る。じゃが芋は大きめの一口大に切る。
②鍋にサラダ油を熱し、玉葱と豚肉を中火で炒める。肉に火が通ったら、Aを加えてコテッと味を絡ませる。
③じゃが芋と分量の水を加えてフタをして、10～15分煮る。途中で一度、上下を返し、全体を混ぜる。芋に火が通ったら出来上がり。
※付け合わせにブロッコリーのお浸しなどを。

金曜日
FRIDAY

朝食 肌寒い日の朝に

簡単野菜スープ

【材料】（１人分）

かぶ……………………1個
キャベツ………………1枚
玉葱……………………¼個
鶏むね肉………⅓枚（70g）
水………………1.5カップ
オリーブ油………小さじ2

【作り方】

①野菜は1.5㎝角に切る。鶏肉は一口大に切り、塩少々（分量外）をふる。

②鍋に野菜と鶏肉を重ね入れ、分量の水を加えて火にかける。弱めの中火で10〜15分煮る。塩（分量外）で味を調える。

③火を止めて、オリーブ油を加える。

昼食 昨夜のクリームシチューが残っていたら

シチューのパイ包み焼き

【材料】（１人分）

クリームシチューの残り…適量
冷凍パイシート…………½枚
ゆで卵…………………1個
バター……………小さじ½

【作り方】

①冷凍パイシートは半分に切り、室温解凍する。3分くらい経つと、切りやすくなる。

②シチューはカップ型（耐熱のマグカップでもＯＫ）の耐熱容器に入れて、レンジで30秒ほど温める。ゆで卵を半分に切ってシチューの中に埋める。

③解凍したパイシートをフタのようにかぶせ、縁は器にギュッとくっつける。パイの上を少しへこませ、バターをのせて、トースター又は200度のオーブンで５〜８分焼く。パイを崩しながら食べる。

夕食 座ったままのんびり、多めに作って冷凍

座って包む葱焼売

【材料】（25～30個分）

豚挽き肉……………300g	長葱（みじん切り）…150g
春雨……………………30g	片栗粉……………大さじ2
A 塩……………小さじ1	焼売の皮…1袋（25～30枚）
A 砂糖…………小さじ1	酢・醤油…………………各適量
A おろし生姜………少々	菜の花………………………適量

【作り方】

①春雨はボウルに入れて熱湯をたっぷり注いで戻す。ザルにあげ、水洗いして水けをきり、1㎝長さ位に切る。長葱に片栗粉をまぶす。

②ボウルに挽き肉、A、長葱と春雨を加えて、よく混ぜる。

③掌に焼売の皮を広げ、②を包む。平らな所にトントンと軽く落とすと、底が平らになる。蒸し器を用意し、湯を沸かす。蒸し器に焼売を並べ、フタをして15分蒸す。このとき布巾はかまさない。最後に2㎝長さに切った菜の花を加えて2～3分蒸す。皿に盛り付け、酢醤油で食べる。焼売は全て蒸し、ラップに包み、冷凍保存。

土曜日

SATURDAY

朝食　ザワークラウト風でお腹すっきり

サワーキャベツ

【材料】（2人分）

キャベツ……小¼個（250g）
塩……………………小さじ¼
酢……………………小さじ1
ベイリーフ……………½枚

【作り方】

①キャベツは5㎜幅位の細切りにする。鍋の中を水でぬらし、キャベツを入れ、塩をふって全体を混ぜ、10分そのまま置く。

②水大さじ1（分量外）、ベイリーフを加え、フタをして中火にかけ、沸いてきたら弱火で10～15分蒸し煮にする。

③火を止めて、酢を加えて混ぜる。粗熱がとれるまでそのまま置く。残ったら冷蔵庫で3日位保存可能。

昼食　きのこと鶏肉のおかず汁

キジ汁風

【材料】（2杯分）

きのこ類…………½パック
じゃが芋……小1個（100g）
長葱……………………10㎝
鶏こま切れ肉…………100g
だし汁……………2カップ
サラダ油…………小さじ1
塩…………………小さじ¼
酒…………………小さじ1
醬油………………小さじ1

【作り方】

①きのこは石突きを切り落とし、食べやすくさく。じゃが芋は皮をむいて一口大に切る。葱は1㎝長さに切る。

②鍋にサラダ油を熱し、じゃが芋、長葱、きのこの順に加えて中火で炒める。熱々になったら、だし汁を入れる。フツフツしてきたら、鶏肉を加え、塩、酒、醬油を加え、弱火で10分ほど煮る。

夕食 1週間の残りものを全部整理してお弁当に

春弁当献立　二色そぼろ／きのこの佃煮／野菜のカレー蒸し煮

卵そぼろ（卵１個／みりん大さじ½）
小鍋の中を水でぬらし、卵、みりんをよく混ぜ、菜箸数本を使い、中火で炒りつける。

甘い肉そぼろ（豚挽き肉100ｇ／砂糖・醤油・酒各小さじ２／おろし生姜少々／水大さじ３）
小鍋に材料をすべて入れて、木ベラで肉をほぐすように混ぜる。強めの中火にかけ、ほぐしながら煮汁がなくなるまで煮る。

きのこの佃煮（生椎茸３枚／しめじ½袋／甘辛醤油ダレ小さじ２）
きのこは食べやすくさき、甘辛醤油ダレ（109ページ）で5〜10分煮る。

野菜のカレー蒸し煮（野菜適量［写真はキャベツ1枚、ブロッコリー４房］／塩・カレー粉各１つまみ／水大さじ２）
野菜は食べやすい大きさに切り、水、塩、カレー粉を入れ、フタをして中火で３〜４分蒸し煮にする。

日曜日
SUNDAY

昼食 カレー粉は好みで量を調節

おひとり様カレーうどん

【材料】（1人分）

ゆでうどん…………1人分
豚こま切れ肉……50〜70g
刻み油揚げ…………½枚分
細葱…………………3本
だし汁…………1.5カップ
カレー粉………小さじ1〜2
（好みの辛さに合わせる）
甘辛醤油ダレ……大さじ3
┌片栗粉…………小さじ2
└水………………小さじ2

【作り方】

①鍋に分量のだし汁、カレー粉、甘辛醤油ダレ（109ページ）を加えて中火にかける。フツフツしてきたら、油揚げと豚肉を加える。
②肉に火が通ったらうどんを加え、温まったらうどんだけ丼に移す。
③煮汁に水溶き片栗粉を加え混ぜ、2㎝長さに切った細葱を加えて再び中火にかける。とろみがついたら、②にかける。

ルール①　夫専用エリアと妻専用エリアを設ける

「○○はどこにあるの？」と聞かれるのを減らすためにも、夫の好きなビール、つまみ、朝食用アイテム（うちでは夫のみパン食）を「夫エリア」にまとめる。「妻エリア」には、自分の好きなつまみと他の人に食べられたくないおかず、好みのヨーグルトなどを置く。

バターやハーブ、香辛料など

マヨネーズやケチャップ、ポン酢など調味料

立てて保存したほうがいい野菜（細葱、ニラ、ほうれん草など）は扉のポケット奥を利用

ルール②　作り置きおかずと残りものは一目でわかるように

作り置きは白いホーロー製容器に入れ左側、残りものは小ぶりのプラスチック製容器に入れ右側に置くと決める。

他の工夫は、立てて保存したほうがいい野菜はポケット奥に立てる、冷凍庫に入れるものはマジックで日付と中身を書いておくなど。

イラストをじっくり見て、それぞれの家庭に合った配置を工夫してみてください。

コラム⑦　冷蔵庫の使い方ルール

世界中で日本式「片付け」が流行っているようですが、冷蔵庫内も思いきって断捨離したいものの一つ。我が家では子どもたちが独り立ちしたのをきっかけに、夫婦が仲よく共存できる冷蔵庫の使い方を考えました。

夫エリア。ビール缶、
朝食用ソーセージなど
右半分が妻エリア。
好みのヨーグルト、
独占したいおかずなど。
肉や魚の生ものは
買ったらすぐに別々の
袋に入れ、大きめの容器
に入れて保存
右は残りもの、
左は作り置きおかず。
容器の種類を統一して
一目でわかるように
中身、日付を貼る
野菜室
下２段は冷凍庫。
パンは買った翌日に
冷凍する。
昆布、干し椎茸など
常備の乾物も

夏

太陽の光をさんさんと浴びた、水分いっぱいのトマトやレタス、きゅうり。そのままでもすぐ食べられる夏野菜に、香りいっぱいの日本の薬味、しそやみょうがで暑い夏を乗り切りましょう。酷暑の時期は台所に立つ時間をできるだけ短くしたいので、手軽で食欲をそそる「厚揚げチャポン」や、ゆでて和えるだけの「ゆで豚の重ね和え」、缶詰を利用した「サバ缶のサブジ」などがおすすめです。冷たい麺のメニューも大活躍ですが、一緒に野菜とたんぱく質を摂ることを忘れずに。日曜日のお弁当は、ご飯に梅干しを入れておきましょう。

今週の主な買い物

【野菜】キャベツ／みょうが／青じそ／生姜／にんにく／大根／パセリ／細葱／オクラ／レモン／トマト／ミニトマト／ピーマン／じゃが芋／かぼちゃ／玉葱／紫玉葱

【肉・魚介類】豚バラ薄切り肉／豚ロースしゃぶしゃぶ用／生サケ／煮魚用魚（カレイ）／シラス干し

【その他】厚揚げ／油揚げ／切り干し大根／サバ缶／納豆

食材が傷みやすい夏は、肉・魚介類を2日分ずつ買うのが理想的。暑さの中、買い物に行くのも大変な人は、缶詰を上手に利用しましょう。非常食用に保存している缶詰の整理を兼ねるのもおすすめです（防災の日に新しい保存食と入れ替えを）。食欲のないときは、厚揚げや豆腐に、青じそ、みょうが、生姜、にんにく、細葱など薬味に使える野菜をうまく取り入れましょう。買って便利なのは、少量パックのシラス干し。一人暮らしに便利です。冷凍保存もOK。

夕食 師匠が25年前にTVで発表した超時短料理！

厚揚げチャポン

【材料】（1人分）

厚揚げ	1枚
醤油	大さじ1
みりん	大さじ½

＜薬味＞

細葱・みょうが	各適量
おろし生姜	適量
大根おろし	¼〜½カップ

【作り方】

①厚揚げはオーブントースターなどで10分ほど中まで熱々に焼く。

②みょうがは縦半分に切り、斜めに薄切り、細葱は小口に切る。

③醤油とみりんをバットなどに合わせ、焼きたて熱々の厚揚げに絡める。カレースプーンなどで、一口大にちぎり、味をしみ込ませる。

④③に薬味のみょうが、細葱、おろし生姜をサッと合わせて、器に盛り付ける。水けをきった大根おろしをところどころにのせる。

※好みで海苔で巻いて食べる。献立にレタスとトマトのサラダを添えて。

月曜日

MONDAY

朝食 トーストだけより栄養価高く

お手軽サンド

【材料】（1人分）

スライスしたパン … 1〜2枚
バター …………………… 適量
レタス・トマト ……… 各適量
ハム ……………… 2〜4枚
スライスチーズ …… 1〜2枚
マスタード（好みで）…… 適量

【作り方】

パンにバターと好みでマスタードを塗り、レタス、ハム、トマト、チーズをのせ、もう1枚のパンで挟んで食べる。

昼食 旬の野菜を食べやすく

夏野菜のスープ

【材料】（1人分）

玉葱・トマト・キャベツなど
　………刻んで1カップ強
おろしにんにく ……… 少々
ハム ……………… 1〜2枚
水 …………… 1〜2カップ
オリーブ油 ……… 小さじ1
顆粒スープの素 …… 小さじ1

【作り方】

①野菜類は食べやすい大きさに切る。玉葱なら薄切り、トマトやキャベツなどは1〜2㎝の角切りにする。ハムは1㎝幅に切る。
②オリーブ油を鍋に入れてにんにくと①の野菜を炒める。よい香りがしてきたら、水、ハム、顆粒スープの素を入れて10分煮る。味をみて、塩（分量外）で調える。
※好みでバジル（乾燥・生リーフ、どちらでも）を加えると、香りが良く、頭すっきり。

夕食　豚肉の下ゆでなしでも美味しくできる

回鍋肉《ホイコーロウ》

【材料】（1人分）

キャベツ…2〜3枚（150〜200g）
豚バラ薄切り肉…80〜100g
胡麻油……………小さじ1
合わせ味噌ダレ….大さじ1

【作り方】

①キャベツは大きめのザク切りにする。豚肉は7㎝長さに切る。
②中華鍋を弱めの中火にかけ、胡麻油で肉を焼き付けるように炒め、脂がじんわり出てきたら、いったん火を止めて肉を取り出す。
③豚肉から出た脂でキャベツを強めの中火で炒める。熱々になったらいったん火を止め、すぐに②の豚肉と合わせ味噌ダレ（109ページ）を加え、再び火にかけて手早く炒め合わせ、すぐに器に移す。
※献立として、ところてんサラダを。きゅうり½本をスライサーで細切りにし、ミニトマトとところてんに、ところてんのタレをかける。

朝食 インド生まれのチャイとチーズトースト、果物で

チャイ

【材料】（2杯分）

紅茶の葉…………小さじ1
水…………………½カップ
生姜（薄切り）……1～2枚
シナモンスティック…½本（2～3㎝）
クローブ・カルダモン…各1粒
牛乳…………………150ml
砂糖（好みで）…………適量

【作り方】

①小鍋に紅茶の葉、水、生姜、シナモン、クローブ、カルダモンを入れ、中火にかける。煮立ってきたら、ごく弱火で2～3分煮出す。
②牛乳を加え、温まったら、茶こしでこす。好みで砂糖を入れる。

昼食 食欲のないときに、あっさり冷製パスタ

フレッシュトマトのスパゲティ

【材料】（1人分）

スパゲティ……………80g
トマト…………………1個
にんにくすりおろし …少々
オリーブ油………大さじ1
塩…………………小さじ¼
青じそ（粗く刻む）……5枚
（生のバジルを使う場合は1～2枚）

【作り方】

①たっぷりの熱湯に塩（分量外）を入れ、スパゲティを袋の表示時間より1分ほど長めにゆでる。ゆで上がったら、水けをきってすぐに氷水に入れて冷やし、さらに水けをきる。
②トマトは2㎝角に切ってボウルに入れ、青じそ、にんにく、オリーブ油、塩を混ぜる。スパゲティを和え、味をみて、足りなければ塩（分量外）で調える。

夕食　魚は焼く20分ほど前に冷蔵庫から出しておく

サケのムニエル

【材料】（1人分）

生サケ………………… 1切れ
塩…………………… 1つまみ
小麦粉…………… 小さじ1
オリーブ油……… 小さじ1
バター…………… 小さじ1
レモン（好みで）…… 1切れ
パセリ・トマト……… 各適量
＜オーロラソース＞
マヨネーズ……… 大さじ1
トマトケチャップ… 小さじ1
牛乳…………… 大さじ1

【作り方】

①サケは水けをふき、塩をふる。焼く直前に小麦粉を薄くまぶす。
②フライパンにオリーブ油とバターを入れ、弱めの中火にかけ、サケを並べる。フタをして3〜4分焼いて裏返し、フタを取り3分焼いてカリッとさせる。
③トマト、パセリと一緒に皿に盛り付け、オーロラソースをかけ、好みでレモンを搾る。

水曜日
WEDNESDAY

朝食 とりあえず焼いた野菜で目を覚ます

グリル野菜

耐熱容器の中を水でぬらし、１㎝幅に刻んだ玉葱½個とキャベツ２枚分、ヘタを取ったミニトマト３～４個、粉チーズ大さじ１（好みで）を平らに入れ、塩をパラパラとふり、オリーブオイル小さじ１を回しかけ、オーブントースターで５～７分位焼く。オーブンなら200度で10分。

昼食 色あざやかなピラフでビタミン補給

豆のトマト煮とにんじんピラフ

【材料】（２人分）

ひよこ豆缶…． １缶（140ｇ）
豚挽き肉……………100ｇ
トマト水煮……………½缶
おろしにんにく………少々
オリーブ油………大さじ１
トマトケチャップ…大さじ２
マスタード………小さじ½

＜にんじんピラフ＞
米……………………１合
にんじん……………４㎝位
酒…………………小さじ１
塩…………………小さじ¼
オリーブ油………小さじ½
パセリ（みじん切り）…．少々

【作り方】

①にんじんピラフを準備する。米は普通の水加減にする。すりおろしたにんじん、酒、塩、オリーブ油を加えて、炊飯器で炊く。パセリをふる。

②鍋にオリーブ油とにんにくを入れて中火にかけ、挽き肉を加えて炒める。肉に火が通ったら、ケチャップとマスタードを加え、トマト、豆を入れてフタをし、７～８分ほど煮る。

夕食 放置している間に味がしみ込む簡単料理法

ゆで豚の重ね和え

【材料】（1人分）

豚ロースしゃぶしゃぶ用…100g
トマト………1個（150g）
ピーマン………………1個

A
- 醤油…………大さじ1
- おろしにんにく….少々
- おろし生姜………少々

胡麻油……………小さじ1

【作り方】

①トマトは縦2つに切り薄切り、ピーマンは0.5～1㎝幅に切る。

②ボウルにAの材料を合わせておく。湯を沸かし、ピーマンをゆでて引き上げ水けをきる。同じ湯に、豚肉を広げながら入れてゆで、よく水けをきり、Aに入れて味を絡める。ピーマン、トマトを重ね入れ（順番は逆でもいい）、胡麻油を回しかける。そのまま食べるまで放置し、全体を和えて食べる。

※同じ薄切りなら、少し割高でもしゃぶしゃぶ用のほうがやわらかくて食べやすい。

木曜日

THURSDAY

朝食 自家製ふりかけであっさりご飯

サケのふりかけ

残った魚の切り身で自家製塩魚（サケ、タラ、サバなど）を作る。小さいバットにペーパータオルを敷き、切り身１切れに塩小さじ½弱をふり、フタをせずに冷蔵庫に２〜３日おく。こうして作った塩サケをひたひたの湯でゆでて火を通し、冷めたら骨と皮を取る。身を小鍋に入れて酒小さじ１をふり３分位炒ると、絶品ふりかけに。

昼食 常備の合わせ味噌ダレでスタミナ補給

小芋の田楽

皮ごとゆでた小さい里芋３個の皮をむき、豆腐½丁を半分に切り、器に盛り付ける。小鍋に湯小さじ１〜２と合わせ味噌ダレ（109ページ）大さじ１〜２を入れ中火でフツッとさせ、芋にかけて食べる。

ピーマンと茄子の炒めもの

茄子１本（100ｇ）は縦半分に切り、斜め１㎝幅に切る。ピーマン１個は縦半分に切り、斜め１㎝幅に切る。胡麻油大さじ½で茄子とピーマンを中火で炒め、熱々になったら火を止め、合わせ味噌ダレ（109ページ）小さじ２を加える。再び中火にかけ、炒め合わせる。

夕食 オクラが主役のインド風お惣菜

サバ缶のサブジ

【材料】（1人分）

オクラ……½袋（4～5本）
じゃが芋……小1個（100g）
紫玉葱…………¼個（50g）
サバ水煮缶…½缶（90～100g）
酒…………………大さじ1
塩・カレー粉……各小さじ¼
おろしにんにく………少々
オリーブ油………小さじ1
＜薬味＞
生姜（細切り）・トマト（1㎝角）・紫玉葱（薄切り）
……………………各適量

【作り方】

①オクラはヘタを切り落とし、3㎝長さのぶつ切り、じゃが芋は一口大に切る。紫玉葱は繊維に沿って薄切りにする。
②鍋に水¼カップ（分量外）、酒、にんにく、塩、カレー粉、じゃが芋、オクラを入れて強めの中火にかける。
③サバ水煮を汁ごととオリーブ油を加え、フタをして中火で約10分煮る。じゃが芋がやわらかくなったら紫玉葱を加えて火を止める。器に盛り付け、薬味をたっぷりのせて食べる。

金曜日
FRIDAY

朝食 かぼちゃの意外な食べ方。トーストに塗って

かぼちゃジャム

【材料】

かぼちゃ……1/8個（約200g）
砂糖………………大さじ2
はちみつ…………大さじ1
シナモン（好みで）……少々

【作り方】

①かぼちゃは種を除き、大きいカットのまま鍋に入れ、1.5カップの水（分量外）で、フタをしてゆでる。ゆで汁が残っていたらきり、火にかけて余分な水分を飛ばす。

②マッシャーか、すりこぎでつぶす。砂糖とはちみつを加えて弱火にかけ、木べラで適当な固さに練り混ぜる。好みでシナモンを。

昼食 夏負け対策に、とろろの力を借りる

麦とろ

【材料】（2人分）

押し麦…………………1/4合
米………………………3/4合
とろろになる芋…1/4〜1/2カップ
（長芋、大和芋、自然薯など）
だし汁……………1/4カップ
薄口醤油…………小さじ1
みりん……………小さじ1/2
青のり…………………適量

【作り方】

①麦と米は一緒に洗い、通常の水加減で炊く。

②手で握る部分を残して芋の皮をむき、すりおろす。

③とろろに、だし汁を少しずつ加えながら、混ぜる。好みの濃さにのばしたら、薄口醤油、みりんで味を調える。

④麦ご飯を器に盛り、とろろをかけ、青のりをふる。

夕食 そろそろ残り野菜の片付けを意識して

シラス丼

【材料】（１人分）

シラス干し……………50ｇ	青じそ…………………５枚
温かいご飯… １人分（150ｇ）	みょうが………………１本
大根おろし……………2㎝分	生姜……………………少々

【作り方】

①青じそは細切り、みょうがは縦２つに切って、斜めに薄切りにする。生姜は千切りにし、たっぷりの水でザッと洗い水けをきる。

②丼にご飯を盛り付け、①を散らし、シラスをたっぷりのせ、大根おろしも天盛りにする。大根おろしに醤油をかけて食べる。

※すし飯でもいい。かぼちゃ、玉葱、油揚げの具だくさん味噌汁を添えて。

土曜日

SATURDAY

朝食　灼熱の朝は潔く、ご飯とこれだけ

サバ缶のあけるだけ

【材料】（１人分）

サバ水煮缶 ……………… ½缶
大根おろし ………… ２㎝分
細葱（小口切り）……… 適量
醤油又はポン酢 ……… 適量

【作り方】

①缶から出したサバを器に盛り付ける。大根おろしをたっぷりのせて、細葱を散らす。

②醤油やポン酢で食べる。薬味には青じそやおろし生姜を。

昼食　野菜のおかずと一緒に

味噌焼きおにぎり

【材料】（１人分）

ご飯 ……… おにぎり２個分
合わせ味噌ダレ … 小さじ１～２

【作り方】

①おにぎりは塩をつけずに、やや薄めに握ったものを用意する。○でも△でも。オーブントースターを熱し、天板の上にのせて、おにぎりを焼く。

②表面が乾き、薄く色づいてきたら、合わせ味噌ダレ（109ページ）を小ぶりのスプーンの裏を使って塗り、さらに美味しそうな焼き色がつくまで焼く。

※漬け物や野菜のおかず（95～98ページ）などを添えて。

夕食 この季節は梅干しを必ず入れる

夏弁当献立　かぼちゃと油揚げの煮物／豚味噌焼き／きゅうりのゴロゴロ漬けと青じそ／梅干しご飯

かぼちゃと油揚げの煮物（かぼちゃ2㎝角２～３個／油揚げ½枚／水¾カップ／甘辛醤油ダレ小さじ２）

鍋にかぼちゃ、２つに切った油揚げ、水、甘辛醤油ダレ（109ページ）を加え、フタをして７～８分煮る。そのまま煮汁につけておく。

豚味噌焼き（豚肩ロース薄切り３枚［80～100g］／胡麻油小さじ１／合わせ味噌ダレ小さじ1）

フライパンに胡麻油をひき、２つ切りにした豚肉を中火で両面焼く。火が通ったら、合わせ味噌ダレ（109ページ）で絡める。

きゅうりのゴロゴロ漬けと青じそ

青じそにきゅうりのゴロゴロ漬け（98ページ）をのせる。

梅干しご飯　ご飯に梅干しを１つ埋め込む。

日曜日

SUNDAY

朝食　夏バテ気味の朝は塩とお茶

塩むすびと煎茶

塩むすびと熱々の煎茶だけ。いさぎよい朝ご飯。煎茶は体をクールダウンする効果があるそう。

昼食　つるっと入って、ヌルッとパワーも

つるつる納豆めん

【材料】（１人分）

ひやむぎ………80～100ｇ
オクラ……½袋（４～５本）
長芋………………４～５㎝
納豆…小1パック（35～40ｇ）
なめたけ（97ページ）…小さじ２
（市販品でもいい）
めんつゆ（市販品）……適量

【作り方】

①たっぷりの湯でオクラをゆでて引き上げ、薄い輪切りにする。
②①の湯でひやむぎをゆでて水でよく洗い、水けをきる。
③長芋はすりおろす。器にひやむぎを盛り、とろろ、納豆、オクラを散らし、なめたけをのせる。ほどよい濃さに薄めためんつゆをかける。

ご飯を作ってみてください（地域によって季節の訪れも変わりますので、ごく一般的なヒントとして）。

春

3月（啓蟄　春分）ひな祭り／お彼岸／卒業／ホワイトデー／春一番

【献立】ちらし寿司　鯛めし　出し巻き卵　ハマグリ吸い物　ぼた餅　桜餅　道明寺　いちご大福

【食材】生椎茸　れんこん　菜の花　新じゃが　かぶ　フキノトウ　デコポン　タイ　ワカサギ　サヨリ　イカナゴ

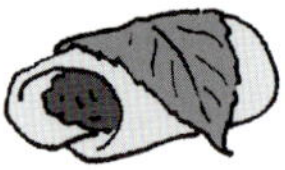

4月（清明　穀雨）お花見／花まつり／入園／入学／入社

【献立】竹の子ご飯　豆ご飯　ヨモギ団子　花見団子　草餅

【食材】グリンピース　木の芽　新にんじん　雪の下にんじん　キャベツ　絹さや　うど　ふき　新玉葱　いちご　甘夏　清見オレンジ　アサリ　ホタルイカ　メバル　ひじき

5月（立夏　小満）憲法記念日／みどりの日／こどもの日（端午の節句）／母の日／八十八夜

【献立】そらまめご飯　竹の子おこわ　ちまき　柏餅

【食材】アスパラガス　実山椒　わかめ　初ガツオ

夏

6月（芒種　夏至）衣替え／梅雨入り／父の日

【献立】ひじきご飯　蛸飯　梅干しご飯　新茶　水無月　若鮎

【食材】アスパラガス　レタス　にんにく　ラッキョウ　生姜　セロリ　梅　さくらんぼ　びわ　メロン　ハモ　カレイ　キンメダイ

7月（小暑　大暑）お中元／暑中見舞い／夏休み／七夕／海の日

【献立】とうもろこしご飯　七夕素麺　うな丼　水羊羹　葛切り　ところてん

【食材】枝豆　オクラ　しそ　きゅうり　トマト　ゴーヤ　ブルーベリー　ネクタリン　あんず　すいか　マンゴー　スルメイカ　エビ　アジ　イワシ　タチウオ

8月（立秋　処暑）お盆／終戦記念日／山の日／残暑見舞い

【献立】枝豆ご飯　冷やし中華　アナゴ寿司　寒天寄せ　かき氷　抹茶アイス　甘酒　生姜飴

【食材】茶豆　モロヘイヤ　スイカ　ぶどう　桃　茄子　かぼちゃ　にんにく　みょうが　ウニ　アナゴ　スズキ　カマス

コラム⑧　季節を味わう

日本は四季折々に旬の美味しいものがあります。食卓で季節を味わえるよう、各月の主な行事と旬の献立、和菓子、食材などを挙げてみました。ぜひ、月初めには季節を感じられる食材で炊き込み

秋

9月（白露　秋分）防災の日／お彼岸／十五夜（お月見）／秋分の日／敬老の日
【献立】栗ご飯　さつま芋ご飯　おはぎ　梨のコンポート　芋羊羹
【食材】秋茄子　空心菜　里芋　いんげん　すだち　穂じそ　茶豆　梨　あけび　イチジク　サンマ　イワシ　カンパチ

10月（寒露　霜降）衣替え／十三夜／体育の日／ハロウィン
【献立】きのこご飯　サバ寿司　松茸ご飯　栗羊羹　お団子
【食材】きのこ　さつま芋　じゃが芋　芥子菜　チンゲン菜　ルッコラ　セロリ　秋にんじん　新米　かぼちゃ　落花生　食用菊　西洋梨　柿　かりん　戻りガツオ　サバ　ニシン

11月（立冬　小雪）文化の日／ボジョレーヌーボー解禁／七五三
【献立】新豆ご飯　銀杏ご飯　サンマ寿司　豆甘煮　焼き芋　アップルパイ
【食材】銀杏　大根　かぶ　小松菜　里芋　れんこん　セロリ　キャベツ　ブロッコリー　豆　早生みかん　紅玉りんご　ラフランス　サンマ　サケ　イクラ　サバ　キンキ

冬

12月（大雪　冬至）お歳暮／クリスマス／年越し／冬至（柚子湯）
【献立】年越しそば　かやくご飯　小豆かぼちゃ　かぼちゃがゆ　粕汁　栗どら焼き　ブッシュドノエル
【食材】ごぼう　春菊　大根　くわい　セリ　長芋　ほうれん草　長葱　山東菜　カリフラワー　小豆　黒豆　りんご　柚子　みかん　グリーンレモン　塩サケ　塩ブリ　アンコウ　ハマチ　寒サバ

1月（小寒　大寒）正月／鏡開き／小正月／成人の日／寒中見舞い
【献立】小豆がゆ　柚子味噌　ゆり根ご飯　七草がゆ　花びら餅　汁粉　甘酒　ぜんざい
【食材】白菜　ゆり根　ター菜　寒玉キャベツ　水菜　レモン　いよかん　文旦　メロゴールド　カキ　マグロ　タラ　カニ　ブリ

2月（立春　雨水）節分／バレンタインデー／建国記念の日
【献立】太巻き　稲荷寿司　カキご飯　菜飯　金柑蜜煮　うぐいす餅
【食材】あさつき　菜の花　芥子菜　春菊　ブロッコリー　ニラ　サラダ菜　金柑　八朔　せとか　晩白柚　サワラ　ニシン　フグ

秋

待ちに待った味覚の秋。きのこや芋類、根菜が出始め、そろそろ新米も登場します。そして、秋の魚は脂がのり、焼くのもいいですが、サッと煮ると実に美味しい。煮魚は時短料理でもあり、炊きたてご飯にぴったりのおかずです。秋も深まり、肌寒くなってきたら鍋料理の季節。日本人の食卓に欠かせない漬け物となったキムチをクツクツ煮て鍋仕立てにし、体を温めましょう。過酷な夏の疲れをしっかりとるのも、この季節です。ちょっと面倒なハヤシライスを簡単に作る秘訣も特別に伝授します。

今週の主な買い物

【野菜】小松菜／ごぼう／にんじん／もやし／ニラ／えのきだけ／生椎茸／しめじ／なめこ／かぶ／ピーマン／玉葱／パセリ／じゃが芋／長葱／にんにく／細葱／山芋

【肉・魚介類】カレイ／牛切り落とし肉／戻りガツオのたたき／鶏こま切れ肉／豚肩ロース塊肉／豚挽き肉

【その他】切り干し大根／油揚げ／豆腐／キムチ／トマトジュース／牛乳

秋の1週間、魚（カレイと戻りガツオ）と牛肉の切り落としをメインに、旬のきのこをいろいろ楽しみましょう。買ってきたきのこはすぐに紙袋に移して、冷蔵庫に（27ページ）。多少乾きますが、1〜2週間は保ちます。細葱や長葱は太い根のほうから使う人が多いのですが、細い葉先から使ってみてください。日持ちするし、最後まで無駄なく使えて便利。月曜日に牛肉の切り落としを多めに買い、半分は冷凍庫に入れ、前夜に冷蔵庫に移して解凍します。

夕食 魚と切り干し大根で懐かしい味を

煮魚

【材料】（１人分）

魚（カレイ）………… １切れ

＜付け合わせ＞

季節のゆで野菜（小松菜・ごぼう）……………… 各適量

＜煮汁＞

水 ………………… ¾カップ

酒 ………………… 大さじ２

砂糖 ………… 小さじ１～２

みりん・醤油 …… 各大さじ１

【作り方】

魚の切り身は水けを拭いておく。鍋に煮汁の材料を入れ火にかける。煮たってきたら魚を入れ、中火で７～10分煮る。落としブタをするか、玉杓子で煮汁を魚にかける。煮えたら、火を止める。皿に盛り付け、付け合わせのゆで野菜を添えて食べる。

切り干し大根の煮物

切り干し大根20ｇは水洗いして、水に30分つける。10分ゆでて水けをきる。にんじん２㎝は細切りに。煮汁（だし汁1.5カップ、みりん・薄口醤油各小さじ２）を中火にかける。刻み油揚げ½枚分、にんじん、切り干し大根を加えてフタをし、弱火で10分煮る。

月曜日

MONDAY

朝食　秋の朝にあたたかいサンドイッチ

オムレツチーズサンド

【材料】（１人分）

パン（８～10枚切り）… ２枚
バター・マスタード … 各適量
スライスチーズ ……… １枚
卵 …………………… ２個
バター ………… 小さじ１
トマトケチャップ …… 少々

【作り方】

①卵は溶きほぐす。フライパンにバターを入れて中火にかけ、溶けたら卵液をザーッと一気に入れる。空気を中に入れるように全体を混ぜてから、両面焼く。まだふんわりしているうちに取り出す。

②パンの片面にバターとマスタードを塗る。パンに①の卵、ケチャップ、チーズを重ね、もう１枚のパンでサンドする。

昼食　残り野菜を使って美味しく

五目ラーメン

【材料】（１人分）

生ラーメン（調味スープ付き）
…………………… １人分
豚挽き肉 ……… 50～100ｇ
残り野菜（小松菜、もやし、えのきだけ、ニラなど）… 適量
湯 ……………… 1.5カップ
胡麻油 ………… 大さじ½
片栗粉 ………… 小さじ２
水 ……………… 小さじ２

【作り方】

①野菜は食べやすい大きさに切っておく。

②中華鍋に胡麻油を熱し、挽き肉、野菜の順に入れて中火で炒める。湯を入れ、煮立ったら、火を止め、添付のスープの素、水溶き片栗粉を加え混ぜてから強火にかける。フツフツしたら、火を止める。

③麺を表示通りゆで、丼に入れる。すぐに熱々の②を具ごと注ぐ。

夕食　多めに作ってサンドイッチやチャーハンに

ゆで豚の醤油漬け

【材料】（作りやすい分量）

豚肩ロース塊肉…1本（400g）
塩…………………小さじ½
＜付け合わせ＞
焼き葱………………15㎝

A 醤油…………大さじ3
A おろしにんにく…小さじ½〜1
酒…………………大さじ1

【作り方】

①豚肉に塩をまぶして30分置き、5カップの熱湯（分量外）に入れ、フタをして弱火で60〜90分ゆでる（鍋は大きすぎないものに。ゆで汁は後でスープに使う）。
②肉の水けをよくきってAに漬ける。時々転がして全体に味をしみ込ませる。食べやすく薄切りにし、器に盛り付ける。
③②の漬けダレに酒を加えてひと煮立ちさせ、タレとして添える。5㎝長さに切った焼き葱と一緒に食べる。
※残ったゆで豚は、肉とタレを別々に保存。冷蔵、又は冷凍に。

火曜日

TUESDAY

朝食　残った切り干し大根の目先を変えて

台湾風卵焼き

【材料】（1人分）

切り干し大根の煮物の残り
……………………大さじ3

卵………………………２個

胡麻油……………小さじ２

【作り方】

①切り干し大根は、汁けをきって約2㎝の長さにザクザク刻む。

②卵を溶き、①の切り干し大根を加えてサッと混ぜる。

③フライパンに胡麻油をひき、②を一度に流し入れる。一呼吸おいたら、菜箸で全体をぐるりぐるりと混ぜて裏に返し、両面を焼く。

※大根おろしと醬油少々をかけて食べても美味しい。

昼食　辛味は自分の好みに合わせる

簡単チリビーンズ

【材料】（2人分）

ミートソース（レトルトパック）
……………………1人分用

豆の缶詰………1缶（140g）
（ミックスビーンズ、ひよこ豆、大豆などの煮豆）

豚挽き肉………50〜100ｇ

チリパウダー又は一味唐辛子
（好みで）……ほんの少々

トマト…………………1個
（又はトマトジュース…100ml）

バジル（好みで）………少々

【作り方】

①鍋の中を水でざっとぬらし、レトルトのミートソース、豆を入れ、挽き肉、チリパウダーか一味唐辛子、適当な大きさに刻んだトマトも加える。バジルは好みでパパッと。

②フツフツしてくるまで中火、そのあと弱火で10分煮込む。

夕食　秋の戻りガツオも美味しいものです

たたきガツオの山かけ

【材料】（１人分）

カツオのたたき又は刺し身
…………………70～90g
とろろ……….¼～½カップ
（山芋、長芋、大和芋、自然薯などをすりおろす）
細葱（小口切り）…大さじ１～２
みょうが（薄切り）……１個
練りわさび……………適量
A
- 醤油…………大さじ１
- 砂糖…………小さじ¼
- おろし生姜….小さじ１

ご飯又は麦ご飯………適量

【作り方】

①カツオの薄切りはAを絡め、10～20分置く。一晩置くときは、冷蔵庫で保存。

②器にご飯か麦ご飯を盛り、カツオを並べる。とろろをかけて細葱をふり、みょうがと練りわさびを添える。食べるときに醤油（分量外）をかける。

※かぶ１個を薄切りにし、甘酢に絡めて添える。葉は味噌汁に。

水曜日

WEDNESDAY

朝食 昨夜のゆで汁を味噌汁に

きのこ汁と卵かけご飯

豚をゆでた汁は、白い脂を取り除き火にかける。きのこと切ったかぶの葉などを加え、味噌を溶かし入れてきのこ汁に。
器にホカホカご飯を盛り付け、新鮮な生卵を割り落とし、醤油をかける。卵を溶いて醤油と混ぜてからかけるときは、ご飯に穴をあけて、そこに流し込む。ここに、小口切りにした細葱、おかか、シラス干しを少しのせて食べる。

昼食 炒めすぎないほうが美味しい

炒めぬ五目チャーハン

【材料】（１人分）

温かいご飯……1人分（200ｇ）
卵……………………１個
ゆで豚の醤油漬け
　……5㎜厚さ３枚（50g）
生椎茸（粗みじん切り）…１枚
ピーマン（粗みじん切り）…小1個
カニかま……………２本
胡麻油…………小さじ２
＜葱醤油＞
長葱（粗みじん切り）…３㎝
醤油……………大さじ½

【作り方】

①長葱は醤油につけて、葱醤油を作る。カニかまは２㎝長さに切る。ゆで豚は５㎜角位に切る。
②卵は溶きほぐす。中華鍋かフライパンに胡麻油小さじ1を熱し、卵を入れて大きく混ぜ、ふわりと炒り、いったん取り出す。
③鍋に残りの胡麻油を足し、強めの中火でピーマン、椎茸、ゆで豚を炒め、全体に塩１つまみ（分量外）をふる。カニかまと葱醤油を加えてひと混ぜする。②と温かいご飯を加え、ザザッと全体を混ぜて出来上がり。

夕食　鶏肉をゆでるのがコツ

チキンライスとスープ

【材料】（1人分）

温かいご飯…1人分（約150g）
鶏こま切れ肉……70〜80g
塩…………………2つまみ
酒…………………小さじ1
玉葱（1㎝角）…¼個（50g）
ピーマン（1㎝角）……1個
油…………………小さじ1
トマトケチャップ…大さじ2
ウスターソース….小さじ½

【作り方】

①鶏肉は塩と酒をふる。湯1.5カップ（分量外）を沸かし、鶏肉を5分中火でゆで、取り出す。ゆで汁は、後でスープに仕上げる。

②フライパンを熱し、油、玉葱、ピーマン、鶏肉の順に加え、中火で炒める。火を少し弱め、ケチャップとウスターソースを加え混ぜ、1〜2分中火で煮る。

③火を止めてご飯を加え、ていねいに混ぜ、器に盛り付ける。鶏肉のゆで汁の味をみて塩で調え、パセリのみじん切り（分量外）を入れる。

木曜日

THURSDAY

朝食 自家製はちみつレモンと一緒に

にんじんサラダ

【材料】（１人分）

にんじん……10㎝（100g）
オリーブ油………大さじ½
塩…………………２つまみ
砂糖………………１つまみ
レモン汁…………小さじ１

【作り方】

①にんじんは千切りにする。スライサーを使うと簡単。ボウルに入れて、オリーブ油を回しかけ、全体をほわっと混ぜる。
②塩、砂糖、レモン汁を回しかけ、全体を混ぜる。
※輪切りレモンをはちみつに漬け、カップに入れて熱湯を注ぐ。

昼食 安くて手軽なカニかまで本格的な味

カニ？玉

【材料】（１人分）

卵…………………２個
カニかま…………２本
生姜（細切り）……少々
酒…………………小さじ½
胡麻油……………大さじ½

＜甘酢あん＞
水…………………½カップ
砂糖………………小さじ２
醤油………………小さじ２
酢…………………小さじ１～２
片栗粉……………小さじ１強

【作り方】

①小鍋に甘酢あんの材料を入れて木べラで混ぜながら中火にかける。フツフツしてトロリとなったら火を止める。カニかまは２㎝長さに切り、ほぐす。卵は溶き、カニかまと生姜、酒を混ぜる。
②フライパンを中火で温め胡麻油を入れ、卵液を一気に流す。大きく混ぜて、ふんわりと火が通れば止める。①のあんをかけて食べる。

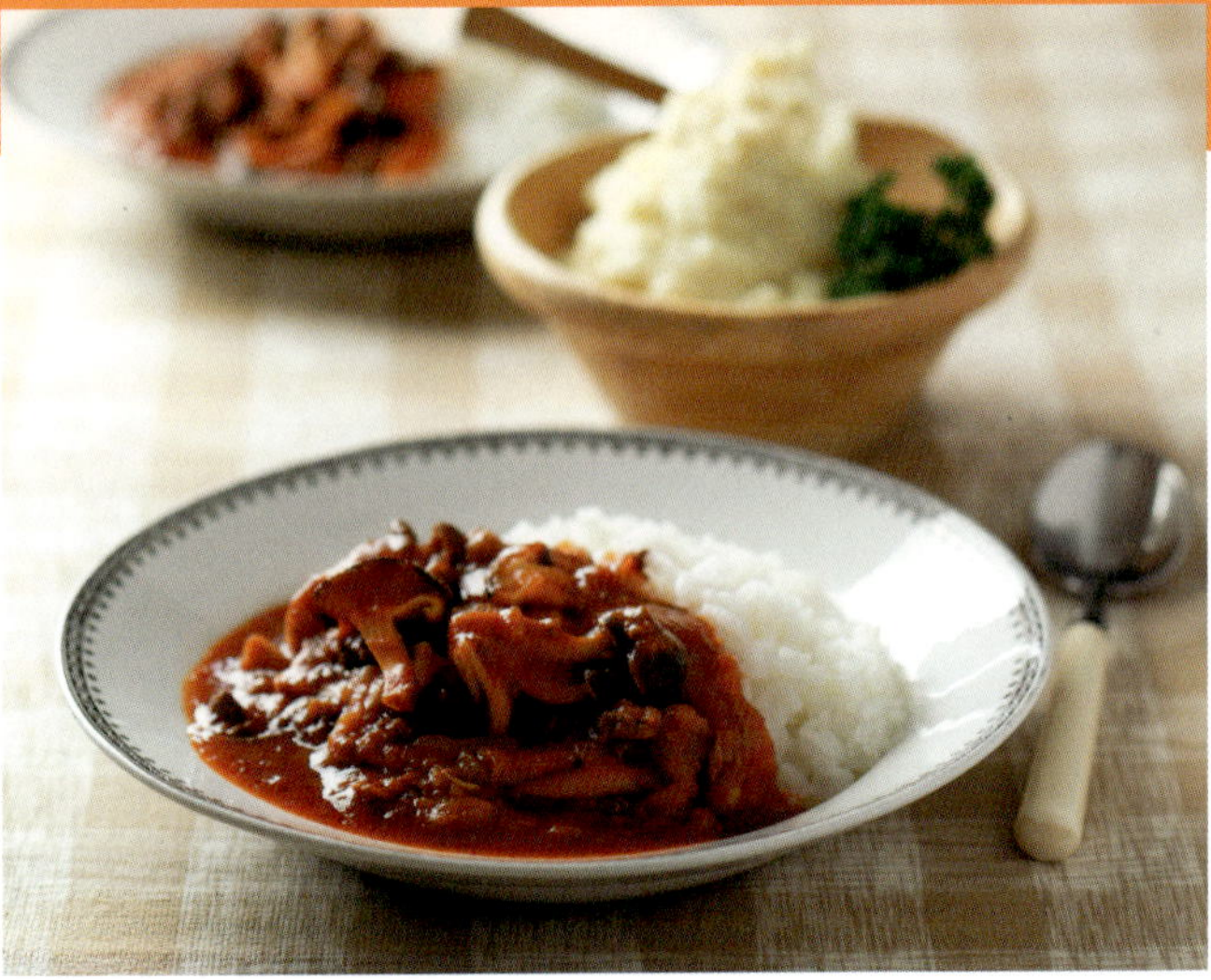

夕食 簡単、美味しい、冷凍可能なので多めに作る

ハヤシライス

【材料】（3皿分）

牛切り落とし肉……200g
玉葱…………1個（200g）
生椎茸…………4枚（50g）
しめじ………1袋（100g）
バター・オリーブ油…各小さじ2

A
- トマトジュース（無塩）…2カップ
- ウスターソース……大さじ1
- トマトケチャップ…大さじ2
- 醬油…………小さじ½
- ローリエ…………½枚

温かいご飯……………適量

【作り方】

①玉葱は繊維を断つように薄切りにする。きのこ類は石突きを落とし食べやすい大きさにさく。鍋にオリーブ油とバターを中火にかけ、玉葱、牛肉の順に加えて強火で炒める。

②中火にしてAときのこ類を加える。時々鍋底を混ぜ、フタをして中火で10分ほど煮る。器に温かいご飯を盛り、熱々をかける。

※ゆでたじゃが芋1個をつぶし牛乳大さじ2～4、塩少々を加え混ぜたミルクマッシュポテトを添えて。

金曜日

FRIDAY

朝食 ちょっと寒い朝の習慣として

野菜の下ゆで

冷蔵庫にある野菜を使いやすいようにまとめてゆでておくと、なにかと便利。付け合わせ、野菜ソテー、ドレッシングをかけてゆで野菜サラダにしてもいい。いんげんときのこは、それぞれ鍋に入れて大さじ２～３の水を加え、フタをして３～４分蒸し煮にする。大根とにんじんなど根菜類は切って鍋に入れ、ひたひたの水で、フタをして10分ほどやわらかくなるまでゆでる。味噌汁の具や煮物にするのもいい。残ったら、全部まとめて野菜スープや味噌汁に。３～４日で使いきる。

昼食 数えて30秒のルールを厳守

親子丼

【材料】（１人分）

温かいご飯………小丼１杯
卵…………………１～２個
鶏こま切れ肉……50～70g
長葱…………………10㎝

A
- だし汁………¼カップ
- みりん………大さじ１
- 醬油…………大さじ１

【作り方】

①長葱は斜め薄切りにする。鍋にAを入れて強めの中火にかけ、フツフツしてきたら、長葱と鶏肉を加える。煮汁が半分位の量になったら、溶き卵を回し入れる。

②30秒数えてフタをして火を止める。30秒待ったらフタをあける。これを煮汁ごと丼に盛りつけたご飯にのせる。

夕食 体をポカポカ温めてくれる鍋料理

キムチ鍋

【材料】（少し多めの１人分）

牛切り落とし肉……100g

A
- 醤油…………大さじ½
- みじん切り生姜……少々
- 胡麻油………小さじ１

豆もやし………………½袋

長葱…………………20㎝

えのきだけ……½袋（50g）

木綿豆腐………………½丁

ニラ……………………½わ

白菜キムチ……¼カップ位

B
- だし汁（煮干し）…２カップ
- 塩・醤油……各小さじ½

【作り方】

①えのきは長さを２つに切り、ニラは３㎝長さ、長葱は1㎝幅の斜め切り。豆腐はやっこに切る。肉にAの材料をもみ込み、Bを合わせておく。

②鍋にニラ、キムチ以外の材料をすべて詰め込み、Bを注ぐ。一番上にキムチとニラをのせて、フタをして中火にかける。フツフツしてきたら弱火にして、肉に火が通って煮えたら出来上がり。

土曜日

SATURDAY

朝食 昨夜より、さらに美味しく

一晩置いたハヤシライス

前日に作ったハヤシライスやカレーが、翌日さらに美味しくなるのはなぜでしょう。真夏は危険ですが、11月に入ると涼しいので、ぜひ一晩寝かせたハヤシを朝食の愉しみに。弱火で、フタをしてゆっくり火を入れます。

昼食 ゆで野菜を使って手早く

カンタン煮物（写真右）

ゆでておいた大根とにんじん各１人分と、ちくわ１本を斜め切りにして鍋に入れる。水½カップ、甘辛醤油ダレ（109ページ）大さじ１を加え、フタをして10分煮る。仕上げにいんげん２～３本を半分に切って入れてひと煮し、出来上がり。

芋とかぶの葉の味噌ダレ（写真左）

ゆでておいた里芋とかぶの葉を食べやすく切って、器に盛り付け、合わせ味噌ダレ（109ページ）をかけるだけ。

夕食 照り焼きときんぴらで、こっくりした秋味

秋弁当献立　ひと口照り焼き／小松菜の胡麻和え／パプリカのきんぴら／ゆかりご飯

ひと口照り焼き（鶏こま切れ肉150g／胡麻油小さじ１／甘辛醬油ダレ大さじ１）
フライパンに胡麻油を入れ、鶏肉を中火で焼く。こんがり焼けたら、火を弱めて甘辛醬油ダレ（109ページ）を入れて、さっと絡めて火を止める。

小松菜の胡麻和え（小松菜100g／薄口醬油小さじ１／すり胡麻大さじ２）
小松菜は熱湯でゆで、冷めたら水けを絞って、２㎝長さに切る。薄口醬油、すり胡麻の順に加えて和える。

パプリカのきんぴら（96ページ）

ゆかりご飯　ご飯に「ゆかり」（市販品）をふる。

日曜日

SUNDAY

昼食 身も心もほっこり温まる

肉蕎麦

【材料】（１人分）

ゆで蕎麦 …………… １人分
牛切り落とし肉 … 70～80ｇ
長葱（斜め切り）……… 15㎝
甘辛醤油ダレ ……大さじ３
だし汁 ………… 1.5カップ
細葱（小口切り）……… 適量
粉山椒（好みで）……… 適量

【作り方】

①鍋の中を水でぬらし甘辛醤油ダレ（109ページ）と肉をほぐし入れて中火にかける。フツフツしてきたら時々混ぜて味がコテッとつくまで２～３分中火で煮る。
②①にだし汁を加え、フツフツしたら長葱と蕎麦を加える。蕎麦が温まったら先に蕎麦だけを器に盛り、味をみて足りなければ、醤油・みりん（分量外）で調えて蕎麦の上にかける。
③細葱を散らし、好みで粉山椒をふって食べる。

冬

冬に美味しくなるもの、霜が降りるとググッと甘味が増す白菜、大根、香り柚子。魚であればタラやブリ。旬の素材を組み合わせた「タラの柚子味噌焼き」や、魚の切り身を使った簡単「ブリ大根」などがおすすめです。そして、何と言っても鍋の恋しくなる季節。体も心も温まる、何が入ってもいい「闇鍋」はいかがでしょう。カツ代師匠直伝の、どんな鍋でも美味しくなる鍋つゆ。その配合さえ覚えておけば、素材次第で作るたびに味の変化を楽しめます。ぞくぞくして風邪を引きそうなときは、けんちんうどん。たっぷりの野菜をやわらかく煮て、味噌味で食べてみてください。

今週の主な買い物

【野菜】白菜／ごぼう／生姜／大根／きのこ／柚子／三つ葉／にんじん／じゃが芋／長葱／玉葱／さつま芋／りんご／里芋／かぼちゃ／春菊

【肉・魚介類】豚薄切り肉／タラ／ブリ／ウナギ又はアナゴの蒲焼き／豚挽き肉／鶏ささみ

【その他】ちくわ／ちくわぶ／油揚げ／豆腐／豆缶

冬の野菜は根菜、葉物とも重いものが多いので、半分にカットした大根（辛いのは下、甘いのは上の部分）や1/4カットの白菜が便利。とはいえ丸ごとが美味しい白菜を1個買った場合は、新聞紙で包み、室内の冷暗所に立てて置いてください。外側からはがして使います。真ん中がやわらかくて美味しいですよ。旬の魚、生タラの切り身は早めに使い、甘塩タラは1日後でも大丈夫。柚子は皮を薄くそぎ、小さい密閉容器か袋で冷凍保存し、凍ったまま使います。

夕食 カツ代師匠直伝、万能の鍋つゆで

ひとり闇鍋

【材料】（1人分）

白菜 …………………… 1枚
長葱 …………………… 10㎝
ごぼう ………………… 5㎝
大根・にんじん … 各2～3㎝
ちくわ・ちくわぶ …… 各½本
豚肩ロース薄切り肉 … 80g
A だし汁 ……… 1.5カップ
A みりん・酒 … 各大さじ1.5
A 薄口醤油 ….. 大さじ1.5

【作り方】

①白菜は軸を縦2～3等分に切り、斜めに一口大に切る（43ページ）。葉はザク切りにする。長葱は1㎝幅の斜め切り、ごぼうはささがき、大根とにんじんは薄い半月切り、ちくわとちくわぶは4つに切る。豚肉は6㎝長さに切る。

②鍋に①の材料を詰め込む。合わせたAを注ぎ、フタをして中火にかける。フツフツしてきたら、弱火で10分ほど煮る。

※薬味は刻んだ細葱、柚子胡椒、おろし生姜などがよく合う。

月曜日

MONDAY

朝食 豆缶で手軽に温かいスープ

豆のスープ

【材料】（少し多めの１人分）

豆缶（ひよこ豆、大豆など）
……………………… ½缶
玉葱（薄切り）………… ¼個
にんじん（薄切り）……… ２㎝
豚薄切り肉 ……… 70〜80g
オリーブ油 ……… 小さじ２
水 ……………… 1.5カップ
顆粒スープの素 ……… 適量

【作り方】

①豚肉は１㎝幅に切って、塩（分量外）をふる。
②鍋にオリーブ油を熱し、玉葱と豚肉を中火で炒める。にんじん、豆の順に加えて炒め、水を入れる。フタをして弱火で15〜20分煮る。顆粒スープの素と塩（分量外）で味を調える。

昼食 ごぼうと豚肉が絶妙、味噌味うどん

豚汁うどん

【材料】（１人分）

ゆでうどん ………… １人分
豚肩ロース薄切り肉 …… 80g
ごぼう ………………… ５㎝
大根・にんじん ……… 各２㎝
白菜 …………………… １枚
胡麻油 …………… 小さじ２
だし汁 …………… ２カップ
味噌 ………… 大さじ１〜２
みりん・酒 ……… 各小さじ１
長葱（小口切り）……… 適量

【作り方】

①ごぼうはささがきに、大根、にんじんはいちょう切りにする。白菜は一口大のザク切り、豚肉は５㎝長さに切る。
②鍋に胡麻油を熱し、ごぼう、豚肉、大根、にんじん、白菜の順に中火で炒める。だし汁を注ぎ、弱火で15分ほどやわらかくなるまで煮る。味噌を溶き入れ、みりん、酒も加える。
③ゆでうどんを加え、全体がフツフツしてきたら火を止める。器に盛り、薬味に長葱を。

夕食 手作りの柚子味噌、おすすめです

タラの柚子味噌焼き

【材料】（1人分）

生タラの切り身……1切れ
春菊…………………50g

A
- 味噌…………大さじ1
- みりん・砂糖…各小さじ1
- 柚子の皮（すりおろし）…¼個分

【作り方】

①タラは皮を下にして耐熱皿に並べる。

②Aの材料をよく混ぜ合わせ、タラの表面に小ぶりのスプーンの裏でまんべんなく塗り、オーブンかトースターで10分焼く。

※トースターの場合、焼き上がっても、すぐに扉をあけない！　数分待ってからあける。空気が入った瞬間に火がつくことがあるため。オーブンなら180度に温めてから10分。

※付け合わせに、ちぎった春菊の葉を添える。白菜のお浸しと。

火曜日

TUESDAY

朝食 時短漬けで本格的な味

なんちゃって白菜漬け

【材料】（2～3人分）

白菜 ………… 4枚（300g）
塩 ………………… 小さじ½
柚子の皮 …………… ¼個分
刻み昆布 ………… 大さじ2
生姜薄切り ……… 1～2枚

【作り方】

①白菜は2㎝幅位のザク切りにして、密閉袋かポリ袋に入れる。塩と柚子の皮、刻み昆布を入れて、そのまま30分位置く。

②昆布がやわらかくなるまで、袋の上からもむ。そのまま5分位放置すると、全体的にしんなりする。

※冷蔵庫で3～4日保存可能。おにぎり、味噌汁、玉子焼きと。

昼食 芋でビタミン補給。喉をつまらせないよう注意して！

ふかし芋

時間のあるときに野菜をゆでておくと便利だが（149ページ）、芋も同様に。冬ならば4～5日分をまとめてふかしておく。さつま芋と里芋は皮ごと蒸すか（写真右）、ゆでておく。じゃが芋、さつま芋はビタミン豊富なので、手軽なランチや間食に摂りたいもの。中高年にはしっとり系の芋がおすすめ。ランチには、蒸したさつま芋やじゃが芋を、オリーブ油（又はバター）でレーズンやりんごとソテーして、ほうじ茶や紅茶と一緒に。プレーンヨーグルトを添えると栄養バランスも万全。小松菜やほうれん草（写真左）も下ゆでして冷蔵庫に入れておくと、お浸しや付け合わせにすぐに使えて便利。

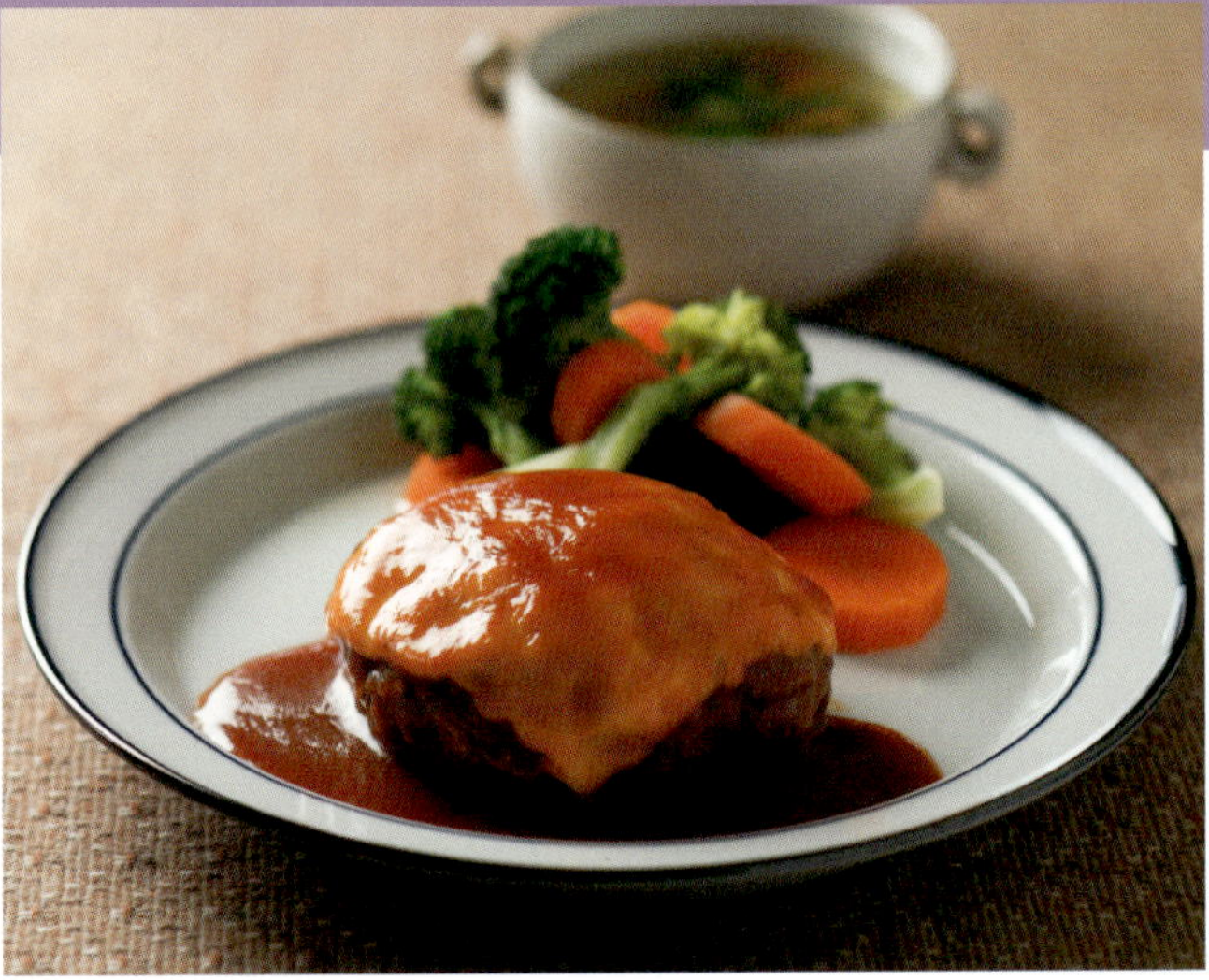

夕食 2つ作って、1つは冷凍しておくといい

チーズハンバーグ

【材料】（2個分）

ハンバーグダネ……2個分
（34ページ、作り方③までと同じ）
スライスチーズ………1枚
サラダ油…………小さじ1

＜ソース＞
水…………………¼カップ
トマトケチャップ…大さじ1
とんかつソース……大さじ1

【作り方】

①フライパンにサラダ油を熱し、ハンバーグを中火で焼く。両面がこんがり焼けたら、湯2カップ（分量外）を注ぎ、フタをして水分がなくなるまで煮る。
②ハンバーグの上にチーズをのせ、フタをして火を止め、1分待ってから器に盛り付ける。
③②のフライパンにソースの材料を入れて3分煮立て、チーズの上からかける。

水曜日

WEDNESDAY

朝食 スープに使った豆缶の残りで

洋風雑炊

玉葱¼個は薄切り、白菜・きのこ・トマトなどがあれば小さめに刻む。鍋に水1.5カップ、豚挽き肉50g、顆粒スープの素小さじ１と、玉葱、豆¼缶、すりおろしたにんじん２㎝分、刻んだ野菜を火にかけ、フタをして中火で10分煮る。ご飯１杯（100g）を加えてほぐす。フツフツしてきたら、再びフタをして弱火で10分煮る。ご飯がふっくらしてきたら、味をみて塩で調える。スライスチーズ１枚を加え、好みで乾燥バジルを。

昼食 根菜の煮物を甘辛醤油ダレで簡単味付け

大根のそぼろ煮（写真右）

大根200ｇはひと口大の乱切りにする。鍋に豚挽き肉50ｇと甘辛醤油ダレ（109ページ）大さじ１、酒大さじ１、水大さじ２を入れてほぐしてから火にかける。肉に火が通ったら、大根と水1.5カップを加え、フタをして弱火で大根がやわらかくなるまで10～20分くらい煮る。水溶き片栗粉（片栗粉・水各小さじ１）でうっすらとろみをつける。

かぼちゃと油揚げの煮物（写真左） ※作り方は134ページ。

夕食 冬の定番料理。２人分作ったほうが美味しい

ブリ大根

【材料】（２人分）

大根…………９㎝（400ｇ）
ブリ………２切れ（150ｇ）
湯…………………１カップ

A
- 砂糖…………大さじ１
- 酒……………大さじ４
- 醤油…………大さじ２

【作り方】

①大根は1.5㎝厚さの半月切りか、いちょう切りにし、かぶるくらいの水（分量外）でフタをして15分ゆでる。

②ブリの切り身は1切れを２つに切る。鍋の中を水でさっとぬらし、Aを煮立てる。フツフツしてきたら、ブリを加える。中火で５分ほど煮て、魚をいったん取り出す。

③②の鍋に①の大根と湯を加える。落としブタをして、中火で10分ほど煮る。最後にブリを戻して、フタをして火を止め、３分間蒸らしながら温める。この間、絶対にフタをあけない。

※生臭みが気になるようなら、おろし生姜を添えるといい。

木曜日

THURSDAY

朝食　何も考えたくない朝は

ホットケーキとはちみつ

たまには市販のホットケーキミックスを使って、書いてある通りにホットケーキを焼いてみませんか。バターをのせて、喉にいいはちみつも。コーヒーや紅茶と一緒に、プレーンヨーグルト、りんごやみかんなどの果物を忘れずに。

昼食　温野菜サラダにぴったり

何にでも合う手作りドレッシング

【材料】（作りやすい分量）

にんじんすりおろし
　…………… 大さじ2〜4
おろしにんにく …… 小さじ½
塩・砂糖 ………… 各小さじ1
酢 …………………… ¼カップ
オリーブ油 ………… ½カップ
　（好みの油で）

【作り方】

材料全部を密閉びんに入れて、フタをして混ぜる。
ゆでた野菜を和えて、温野菜サラダに。ゆでた肉（鶏ささみや豚薄切り肉）を一緒にしてもよく合う。夏は生野菜にも使える。
※冷蔵庫で１カ月位保存可能。

夕食 湯豆腐に魚や野菜を加えて

おかず湯豆腐

【材料】（１人分）

豆腐（木綿又は絹）……１丁
甘塩タラ又は生タラ…１切れ
水菜又は春菊…………½わ
昆布……………10〜15㎝
＜薬味＞
おろし生姜・細葱・柚子の皮など
……………………各適量

＜タレ＞
醬油………………大さじ２
酒…………………大さじ１
砂糖………………小さじ¼
削り節……１パック（４ｇ）

【作り方】

①タラは１切れを３つに切る。水菜（春菊）は４㎝長さに切る。
②豆腐はたっぷりの水に放ってから、８等分に切る。
③タレの器に材料を入れ、土鍋（普通の鍋でも）の真ん中に置き、昆布を敷く。湯を６分目まで注いで豆腐を入れ、中火にかける。豆腐が揺れてきたら、タラを入れ、弱火にして、水菜（春菊）を入れる。
※タレと薬味で、豆腐と魚、野菜を食べる。

金曜日

FRIDAY

朝食 手作りジャムだと気分が上がります

りんごジャムトースト

【材料】（作りやすい分量）

りんご……… 小２個（400g）
砂糖………………… ½カップ
水又はワイン……… ½カップ
はちみつ………… 大さじ２

【作り方】

①皮をむいたりんごは６等分のくし形に切り、0.5〜1㎝厚さのいちょう切りにする。りんごの種類は何でもいい。

②鍋にりんご、砂糖、水又はワインを加え中火にかける。煮立ってきたら弱火で、フタをして30分煮る。火を止めてはちみつを混ぜる。

※トーストにバターを塗って、ジャムをのせて食べる。

昼食 ふろふき大根をゆで置き野菜で

ふろふき大根・柚子葱味噌

【材料】（１人分）

ゆでた大根……………… 適量
ふかした里芋……… １〜２個
ゆで卵…………………… 1個

＜柚子葱味噌＞２人分
合わせ味噌ダレ…… 大さじ２
胡麻油……………… 小さじ½
長葱（みじん切り）……… ２㎝
水………………… 大さじ２
柚子の皮（刻む）……… ¼個分

【作り方】

①ゆでた大根（149ページ）とふかした里芋（159ページ）、ゆで卵を一人用土鍋に入れて、湯（分量外）をはり、弱めの中火にかける。

②小鍋に胡麻油と葱を炒め、合わせ味噌ダレ（109ページ）、水、柚子を加えて混ぜ、煮立ったら火を止める。温めた大根と里芋、卵にかけ食べる。

夕食 冬こそ、ウナギで

かけ回し寿司

【材料】（1人分）

ウナギ又はアナゴの蒲焼き
…………… 小1串（100g）
三つ葉（刻む）………… ¼わ
実山椒の佃煮又はゆでた実山椒 ……………… 小さじ1
温かいご飯… 1人分（150g）

＜合わせ酢＞
米酢大さじ1.5／塩2つまみ／砂糖小さじ1.5
（市販のすし酢でもいい）
＜卵そぼろ＞
卵1個／みりん小さじ2
甘酢生姜 ……………… 適量

【作り方】

①ウナギは縦半分に切ってから1㎝幅に切る。
②鍋の中を水でぬらし、卵とみりんを入れて溶き、中火にかける。菜箸4本で混ぜ、卵そぼろを作る。火を止めてからも混ぜる。
③合わせ酢の調味料をよく混ぜ合わせておく。
④ご飯を器に平らに盛り、三つ葉、卵そぼろ、ウナギ、実山椒の佃煮を散らす。合わせ酢をスプーンで回しかけ、甘酢生姜を添える。

土曜日
SATURDAY

朝食　かぼちゃのパワーで風邪防止

かぼちゃとレーズンのサラダ

【材料】（１人分）

かぼちゃ……………200ｇ	A　塩……………２つまみ
レーズン…………大さじ２	A　マヨネーズ….大さじ１
	A　牛乳…………大さじ１

【作り方】

①かぼちゃは種を除いて、２㎝角に切る。皮をむいてもいい。

②鍋にかぼちゃを入れて水（分量外）をひたひたに加え、フタをして中火で火が通るまでゆでる。ゆで汁が残っていたらきる。

③ボウルにAの材料を合わせ、かぼちゃとレーズンを加え和える。

昼食　朝のサラダを使いまわし

かぼちゃとチキンのサンド

【材料】（１人分）

パン……………………２枚	鶏ささみ肉… 1～2本(50～100g)
バター・マスタード…各適量	塩…………………２つまみ
かぼちゃとレーズンのサラダ…適量	オリーブ油………小さじ１

【作り方】

①鶏ささみ肉は、繊維に沿って１本包丁目を入れて開き、薄くする。塩を全体にふる。フライパンにオリーブ油を熱し、両面中火でソテーする。

②パンの片面にバターを塗り、もう１枚にマスタードを塗る。

③パンにかぼちゃとレーズンのサラダをのせる。さらに①のささみをその上に重ね、もう１枚のパンで挟んで、３～４つにカットする。

夕食　のり弁にサケと玉子焼きの王道弁当

冬弁当献立　のり弁サケのせ／甘い卵焼き／春菊おかか／蒲鉾

のり弁サケのせ（ご飯180g／中辛塩サケ小１切れ／焼き海苔½枚）
塩サケは少なめの湯で５分ほど中火でゆで、大きめにちぎる。弁当箱にご飯を半分くらいの高さまで詰め、焼き海苔をちぎってのせ、ご飯を重ねる。また海苔を散らし、ゆでサケをのせる。

甘い卵焼き（卵２個／胡麻油小さじ１～２／砂糖・みりん各大さじ½／塩１つまみ）
卵を溶き、砂糖、みりん、塩を入れて混ぜる。卵焼き器を中火に熱し、胡麻油をなじませ、卵液を薄く広げる。表面が乾かないうちに端から巻く。卵を端に寄せ、空いた部分に胡麻油をひき、卵液を薄く広げて巻く。これを繰り返し、最後は弱火で全面を焼き上げる。

春菊おかか（春菊50g／削り節2g／薄口醤油少々）
春菊は２～３㎝長さに切り、熱湯でさっとゆでる。ザルに引き上げて、粗熱が取れたら薄口醤油を加え混ぜる。削り節で和える。

日曜日

SUNDAY

昼食 野菜たっぷり、風邪にも優しい

けんちん味噌うどん

【材料】（１人分）

ゆでうどん…………１人分
大根……………………２㎝
にんじん………………２㎝
里芋……………………１個
干し椎茸………………１枚
長葱……………………４㎝
刻み油揚げ…… ½〜１枚分
だし汁＋干し椎茸の戻し汁
…………………２カップ
味噌…………大さじ１〜1.5
胡麻油……………小さじ１

【作り方】

①干し椎茸は½カップ位の水で戻す。戻し汁は取り置き、椎茸は薄切りにする。大根、にんじんは５㎜厚さに切る。長葱は１㎝幅に切る。里芋は一口大に切る。

②鍋にだし汁と戻し汁、大根、にんじん、里芋、椎茸、長葱、油揚げを入れて中火にかけ、フタをして弱火で15分ほど煮る。

③野菜がやわらかくなったら味噌を溶き入れ、うどんも加えて温めて火を止める。胡麻油を加えて、器に盛り付ける。

コラム⑨　発酵食のすすめ

【発酵食ブーム】

ここ数年、ブームの発酵食。塩麴に甘酒といった古典的なものから、腸内細菌がらみで話題のヨーグルトや乳酸飲料、他にも味噌、醬油、酢、みりん、ぬか漬け、キムチ、納豆など、私たちの食卓には発酵食品がたくさん。

【発酵食品って何？】

発酵食品とは、微生物の働きで食材が変化し、体によい効き目をもつようになった食品のこと。たとえば、麴菌はカビの一種だが、米に混ぜると自らのもつ酵素でタンパク質やでんぷん質を分解して、うまみのあるアミノ酸や糖分などを作る働きがある。酒、味噌、醬油などを作るときに欠かせない。乳酸菌にもさまざまあるが、牛乳に混ぜるとヨーグルトやチーズなどの発酵食品を作り出す。

【簡単で美味しい食べ方】

便秘の解消にもいいと言われる発酵食品、気軽に取り入れられる食べ方をご紹介。ただし、塩分の強いものもあるので食べすぎないように！

• もろきゅう…新鮮なきゅうりに味噌をつけるだけ。

• ぬた…味噌、マスタード、酢、砂糖を混ぜ（酢味噌）、ゆでた葱、ウド、きゅうりなどの野菜を和える。

• 納豆に漬物…キムチ、ぬか漬けを細かく刻み、納豆に混ぜる。醬油は使わない。

• 水切りヨーグルト…小さい金属製のザルにペーパータオルを敷き、プレーンヨーグルトを入れて、一晩冷蔵庫に置く。クリームチーズ状になるので、パンやクラッカーにのせたり、野菜につけて食べる。

ヨーグルトやぬか漬けも発酵食品

第４章

親の介護と明日に備えて

「どんなエラい権力者にも、どんなお金持ちにも、年をとるということは平等にやってくる」と、カツ代師匠が言っていました。

今の私は50代半ばですが、近くに住む両親は共に80代。介護食とはいかないまでも、そろそろおかずの差し入れなど、外からのサポートが必要になってきました。

まだまだ丈夫な歯もあるし、誤嚥《ごえん》で苦しむこともないけれど、両親のサポートを通じてシニアに適した食事作りを学んでいるところです。今すぐ必要なことでなくとも、明日の自分のために、どんなご飯が食べやすいのか、食事作りの何が億劫になったり、不自由になるのかを、知っておくことは大切だと思います。

シニアと一口に言っても、昔とまったく同じものでかまわないという人と、ささいなことが気になって食べにくいと感じる人と、さまざまです。飲み込みにくくなったら、汁けを多くする、パサつくものは片栗粉やくず粉などで口ざわりをよくする、一口大に切る、辛い、酸っぱい調味料を加減するなどの工夫は、これまでの章でも紹介してきました。しかし、調子の悪いときにもカロリーや栄養が摂りやすく、飲むことさえできれば嚙む必要のない万能選手といえば、ポタージュとおかゆではないでしょうか。

この章では、季節に合ったポタージュとおかゆを紹介します。ポタージュは手間がかかりそうに思うかもしれませんが、ミキサーかブレンダーを使えば、あっという間に出来ますし、そうした道具なしでも作れます。多めに作って冷凍しておけば、いざというときにも安心です。風邪で寝込んだり、買い物に行きたくないとき、冷凍庫にポタージュがあると思うだけで心強いもの。ブロッコリーやごぼうなど、ちょっと噛むのが大変になってきた野菜でも、かなりの量を簡単に摂ることが可能です。

　そして、ポタージュ、おかゆといえども、栄養ばかりでなく見た目が大事。これはわりと気づきにくい点なのですが、カツ代師匠がいみじくも指摘していました。

「介護食っていうと、栄養のことを考えすぎて足し算ばかりのレシピになりがち。味や見た目に重きを置かないから、何を食べているかわかりづらい」

　くだいたり、濾《こ》したり、細かく刻んだり。食べやすさを考えて作るうちに、一体原形は何だったのかわかりにくくなります。何種類もの野菜を混ぜ合わせると、栄養はあるかもしれないけれど、一つ一つの素材がわかりにくい。どうも人間の本能って、そうしたことを嫌うようです。だから、ポタージュは1種類の野菜を中心に、旬の食材の味がはっきりわかり、色あざやかで楽しめるレシピにしました。夏と冬のごぼうポタージュは味がきっと違うはず。

　誰かのために、そして自分のために、優しいポタージュを作りましょう。

さつま芋のポタージュ〈基本の作り方〉

【材料】（４杯分）

さつま芋 ……… １本（200g）

┌ 湯 ……………… ¼カップ

└ 顆粒スープの素 … 小さじ１

牛乳 …………… １～２カップ

塩 …………… 小さじ¼前後

【作り方】

①さつま芋は皮をむいて２㎝厚さに切る。塩水に５～10分ほどさらして水けをきり、鍋にさつま芋と水をひたひたに入れて、火にかける。煮立ってきたらフタをし、弱めの中火で15分ほどゆでる。

②さつま芋がやわらかくなったら、残っているゆで汁ごと（ごく少量のはず）ミキサーやブレンダーにかけてなめらかにする。

③鍋に分量の湯と顆粒スープの素を入れ、②を加え、牛乳を好みの量加えて弱めの中火にかける。煮立ってきたら塩で味を調える。

※じゃが芋、里芋、長芋でも、同じように作れる。冷蔵庫なら３～４日まで、冷凍する場合は１食分ずつ袋に分けて保存する。

ブロッコリーのポタージュ〈市販のスープの素をアレンジ〉

【材料】（４杯分）

ブロッコリー……½個（200g）
塩………………… 小さじ¼
オリーブ油……… 大さじ１
水………………… ２カップ

カップポタージュスープの素
…………… １袋（１人分）
牛乳………… １～２カップ
塩……………………… 少々

【作り方】

①ブロッコリーは小房に切り分ける。鍋にブロッコリー、塩、オリーブ油、分量の水を入れ、フタをして中火にかけ、15分、やわらかくなるまでゆでる。
②ブロッコリーをゆで汁ごと（量は加減する）ミキサーにかける。
③カップスープの素を表示通り熱湯（分量外）で溶かし、②に加えてミキサーを再度回す。鍋に移し、中火にかける。フツフツしてきたら牛乳を加えて弱火にし、塩で味を調え、火を止める。
④食べるときにオリーブ油（分量外）を少々落として食べる。
※菜の花、カリフラワー、ケールなどでも同じように作れる。

かぼちゃのポタージュ

【材料】（4杯分）

かぼちゃ……… ¼個（300g）
牛乳………… 1～3カップ
塩…………… 小さじ¼～½
砂糖………… 小さじ1～3
（好みで量を加減する）
バター……… 大さじ1～2

【作り方】

①かぼちゃは種を取って、皮を下にして鍋に入れ、1.5カップの水（分量外）を注ぎ、フタをして中火でゆでる。やわらかくなったら、火を止める。中身をスプーンですくって、牛乳1カップと共にミキサーにかける。

②好みのやわらかさになるまで牛乳を加えて溶きのばし、鍋に移して弱めの中火にかける。フツフツしてきたら、塩と砂糖で味を調える。火を止め、すぐにバターを落とす。

※じゃが芋とさつま芋のポタージュも同様に作れる。

ごぼうのポタージュ〈硬いごぼうを摂りやすく〉

【材料】（4杯分）

ごぼう………20㎝（100g）
じゃが芋……小1個（100g）
ゆで汁………½～1カップ
牛乳………………2カップ
生クリーム…….½カップ
塩………………小さじ½
オリーブ油…….大さじ1

【作り方】

①じゃが芋は皮をむいて4等分に切り、水で洗う。ごぼうは半分の長さに切って鍋に入れ、たっぷりかぶる位の水を入れ、切ったじゃが芋も加えて、フタをして弱火で20～30分ゆでる。
②①の粗熱が取れたら、ゆで汁と牛乳1カップと一緒にミキサーにかける。
③鍋の中を水でぬらし、②を移して、弱めの中火にかける。煮立ってきたら、残りの牛乳と生クリーム、塩を入れ、味を調える。
④温まったら火を止め、オリーブ油を加える。

おかゆは、日本人にとって病院食のイメージが強いかもしれませんが、病気でなくとも、ちょっと食欲が落ちたときや胃腸の疲れているときに食べやすく、老親の差し入れに持っていっても喜ばれます。全がゆ、五分がゆなど水分量によって名前が変わるのですが、意外にその正確な配合はわからないもの。それも、ここで紹介しておきます。家で療養中の場合など、医師の指示通りにおかゆを作ることができるようになります。

●全がゆ
米　1カップ
水　5カップ
●七分がゆ
米　1カップ
水　7カップ
●五分がゆ
米　1カップ
水　10カップ
●三分がゆ
米　1カップ
水　20カップ

この配合表は紙に書いて、台所に貼り付けておくといいかもしれません。
基本の作り方は、このようにします。
① 米は研いで、土鍋又は厚手の深鍋に入れ、分量の水を注ぎ15分ほど浸しておく。

②　中火にかけ、沸騰してきたらごく弱火にし、フタをして30～60分くらいかけて炊く。途中で吹きこぼれないよう、フタを少しずらす。

③　もし水分が足りなくなったら、熱湯（分量外）を足す。炊き上がったら、火から下ろす直前に塩で好みの味に調え（小さじ¼前後が目安）、練らないように混ぜる。

体調により、医師から「重湯」と指示が出たら、炊き上がった五分がゆか三分がゆにフタをしたまま10分ほど蒸らした、その上澄み部分が重湯です。

これもカツ代師匠の画期的アイデアですが、「水のゼリー」というレシピがあります。水を飲みたいのに誤嚥の可能性がある高齢者について、介護職の方から相談を受け、考案したのが35年前。家庭向けミネラルウォーターが発売され始めた頃でした。このミネラルウォーターにゼラチンを加えるだけのシンプルさ。硬さはゼラチンの量で加減します。介護用とろみ剤など市販されていない時代のことでした。

のちに師匠が倒れ、介護食になったとき、コーヒーが大好きな先生のためにスタッフが美味しいコーヒーを淹れ、とてもとてもやわらかいゼリーを作りました。

そら豆がゆ〈桜の季節に〉

【材料】（２人分）

米…………………½カップ
水…………………2.5カップ
そら豆（莢つき）………250g

桜の花の塩漬け……… 8個
水………………… 1カップ

【作り方】

①米は洗って水けをきる。桜の花の塩漬けは水１カップに塩のついたまま入れ、30分ほど塩出しする。この水は取っておく。そら豆は豆を取り出して薄皮をむく。

②厚手の鍋に米と分量の水を入れ15分ほど浸しておく。中火にかけ、煮立ってきたらグンと弱火にし、フタをして30分炊く。炊き上がったら、そら豆と桜の花を戻した水ごと加え、再びフツフツさせ10分煮る。

③そら豆に火が通ったら、水でぬらした箸で切るようにして混ぜ、フタをして火を止める。

茶がゆ〈夏の朝、涼やかに〉

【材料】（2人分）

押し麦……………大さじ2
米…………………½カップ
水…………………2.5カップ
上等な煎茶………1カップ

【作り方】

①麦と米は一緒に洗って厚手の鍋に入れる。分量の水を加え、15分ほど浸しておく。フタをして中火にかける。

②フツフツしてきたら弱火にし、フタを少しだけずらして30分ほど炊く。炊きあがったら火を止め、フタをして10分ほど蒸らし、茶碗によそう。

③煎茶を美味しく淹れ、たっぷり注いで混ぜながら食べる。

韓国風かぼちゃがゆ〈白玉粉でパワーアップ〉

【材料】（２人分）

米 …………………… ½カップ
水 …………………… 2.5カップ
かぼちゃ ……………… 200g
酒 …………………… 大さじ１
生姜（薄切り）………… １枚

白玉粉 ……… 大さじ１～２
水 ………………… ½カップ
塩 ………………… 小さじ¼
砂糖 ……………… 小さじ½

【作り方】

①かぼちゃは、皮を薄く削り取り、一口大に切る。硬いときは電子レンジに20～30秒かけてから切る。

②米を洗い、分量の水を加え15分ほど浸しておく。かぼちゃ、酒を加えて弱めの中火にかける。煮立ってきたらアクを取り、生姜の薄切りを加え、火を一気に弱める。フタを少しずらしてかけ、弱火で30～40分コトコト煮る。

③白玉粉に水を少しずつ加えて溶かし、塩と砂糖も混ぜておく。

④おかゆが炊き上がったら、③を加えて混ぜ、再び煮立ってきたら火を止める。器に盛り付け、好みで黒胡麻（分量外）をふる。

あんかけがゆ〈体が芯から温まる〉

【材料】（2人分）

米…………………½カップ
水…………………3カップ
＜あん＞
だし汁（濃いめ）…… 1カップ
薄口醬油…………大さじ1
酒…………………大さじ½
片栗粉…………大さじ1
水………………大さじ1
＜薬味＞（好みで）
おろし生姜……………少々
細葱（小口切り）………少々

【作り方】

①米は洗って厚手の鍋に入れ、分量の水を加えて15分ほど浸す。中火にかけ、沸騰したらごく弱火にし、フタをして40分炊く。
②小鍋にあんの材料を入れて中火にかけ、フツフツしてきたら水溶き片栗粉を加えてとろみをつける。
③器に盛ったおかゆに②の熱々のあんをかけ、好みで薬味をのせる。

あとがき

私は小さい頃から食べることが大好きで、その食いしん坊が、やがて小林カツ代という師匠に出会い、そこで多くのことに出会うことになりました。思えば、四半世紀以上もそばにいて、ずっとカツ代さんの生き方に恋していたのだと思います。

常に目の前の強いものには戦いを挑み、弱いものには寄り添う、ぶれない姿勢。そして、明日は一体なにを発見するのか、毎日が驚きの連続。こんなに人を飽きさせない人物は、みたことがありません。

当初、この本は、これからシニアに向かう50代前後の人を意識して書き始めました。生きていくということは、食べ続けていくこと。できれば、お迎えが来る日まで、美味しいものを食べ続けてほしい。そんな思いで、シニアに作りやすく美味しいレシピを紹介しています。そして、筆を進めるうちに、今度は社会に出たばかりの若者たちにも、ぜひ読んで欲しいと思うようになりました。年をとると何が変わるのか……若いうちに知ることは、一番弱いものの立場がわかること。それがわかれば、いずれ優しい社会を作っていってくれるでしょう。

それに、シニア向けレシピは手順を簡単にしているため、初めて料理をする人たちにも役に立つはずです。

3年前、親しい友人を二人亡くしました。一人は亡くなる寸前に「旦那さんが作ってくれる食事を、ひと口でも食べるのが楽しみだよ」とメールを寄越し、もう一人の友人はホスピスに入る前、家族のために作ったご飯を記録として残していました。「カツ代さん本（のレシピ）で作ったよ～」と書いてあるのを見たとき、私は涙が止まりませんでした。人には食べたいという欲求と、作ってあげたいという欲求の二つがあるのだと思います。それは、生きるエネルギーでもあります。

２００５年6月17日、私が作ったまかないの昼食が、師匠の最後に食べた普通の食事となりました。かぼちゃの煮物と味噌汁、料理番組で紹介するはずだった試作中のおかず。「おいしいね、ごちそうさま」と両手を合わせ、声に出すことを決して忘れない人が、そのあと9年もの間、口から食べられない不自由な生活をしたことは、残酷ともいえました。

師匠の元気なころからの口癖は、「どんな辛いことも何か意味がある」。闘病中、私は師匠にとってこの歳月、この状態には一体どういう意味があるのだろう、私にできることは何なのかと考え続けました。この本は、その答えの一部なのかもしれません。

本書の第1章、第2章は、ずっと食べたい定番レシピと健康に役立つアイデアを。第3章には、何を食べるか考えるのも面倒というときに、そのまま1週間実践できる季節ごとの献立を。第4章では病気や老いで弱った体に優しいレシピを提案しています。

美味しいと思ったとき、人はたいてい笑っています。年齢を重ねても、ずっと笑い続けていたいもの。この本が、どうか日々の生活の役に立ちますように。

２０１９年初夏

本田明子

参考資料一覧

小林カツ代『小林カツ代のらくらくクッキング』文化出版局　１９８０年
小林カツ代『働く女性の急げや急げ料理集』大和書房　１９８２年
小林カツ代『楽々ケーキづくり』主婦と生活社　１９８２年
小林カツ代『小林カツ代の簡単おかず』家の光協会　１９８５年
小林カツ代『小林カツ代のおかず超簡単』家の光協会　１９９０年
小林カツ代『小林カツ代の永遠不滅レシピ１０１』主婦の友社　２０１６年
『NHK出版　からだのための食材大全』ＮＨＫ出版　２０１８年
「きょうの料理」（１９８８年3月号）ＮＨＫ出版
「サライ」（２０１６年1月号）小学館
ＫＡＴＳＵＹＯレシピ（https://recipe.sp.findfriends.jp/）株式会社ネットドリーマーズ

協力

賞味会（西東京市）
クックデリ株式会社　商品部
八百屋塾（東京都青果物商業協同組合）

な行

は行

さ行

た行

料理名索引

小林カツ代（こばやし　かつよ）
料理家・エッセイスト。1937年大阪府出身。あらゆるジャンルの料理を家庭料理としてとらえ、多方面で活躍するが、2005年にクモ膜下出血で倒れ、2014年に逝去。その著書は230冊以上。主な著書に『小林カツ代のお料理入門』『小林カツ代のお料理入門　ひと工夫編』（共に文春新書）、『小林カツ代　料理の辞典』（朝日出版社）など。

本田明子（ほんだ　あきこ）
料理家。1962年東京都出身。1982年小林カツ代のもとに押しかけ、内弟子一号となる。2007年の独立まで小林カツ代キッチンスタジオのスタッフ、レシピ製作責任者として200冊近い料理本に携わる。NHK「きょうの料理」「あさイチ」などに出演。著書に『晩ごはんといっしょに作りおき　朝つめるだけのお弁当』（家の光協会）、『娘に伝えたい　おせち料理と季節のごちそう』（講談社）など。

文春新書

1224

一生《いつしよう》食《た》べたいカツ代《よ》流《りゆう》レシピ

2019年7月20日　第1刷発行

著　者　小林カツ代　本田明子
発行者　飯窪成幸
発行所　株式会社　文藝春秋
〒102-8008　東京都千代田区紀尾井町3-23
電話（03）3265-1211（代表）

印刷／製本　凸版印刷

定価はカバーに表示してあります。
万一、落丁・乱丁の場合は小社製作部宛お送り下さい。送料小社負担でお取替え致します。

ISBN978-4-16-661224-6